2023年度内蒙古警察职业学院学术著作出版基金资助出版项目（NMJYZZJJ-202301）

依托城镇网络推进城乡协调发展研究

朱广芹　佟光霁◎著

吉林大学出版社

·长春·

图书在版编目（CIP）数据

依托城镇网络推进城乡协调发展研究 / 朱广芹，佟光霁著. -- 长春：吉林大学出版社，2024.1
ISBN 978-7-5768-2760-6

Ⅰ. ①依… Ⅱ. ①朱… ②佟… Ⅲ. ①城乡建设—研究—中国 Ⅳ. ①F299.21

中国国家版本馆CIP数据核字(2023)第242166号

书　　名	依托城镇网络推进城乡协调发展研究
	YITUO CHENGZHEN WANGLUO TUIJIN CHENG-XIANG XIETIAO FAZHAN YANJIU
作　　者	朱广芹　佟光霁
策划编辑	朱　进
责任编辑	范　爽
责任校对	王亭懿
装帧设计	王　强
出版发行	吉林大学出版社
社　　址	长春市人民大街4059号
邮政编码	130021
发行电话	0431-89580036/58
网　　址	http://www.jlup.com.cn
电子邮箱	jldxcbs@sina.com
印　　刷	三河市龙大印装有限公司
开　　本	787mm×1092mm　1/16
印　　张	10.5
字　　数	165千字
版　　次	2024年3月　第1版
印　　次	2024年3月　第1次
书　　号	ISBN 978-7-5768-2760-6
定　　价	55.00元

版权所有　翻印必究

前　言

城市和乡村应该是一个有机的整体，彼此之间既可以相互促进，又可以相互制约。在政策制定的过程中，必须把两者综合起来进行考虑，通过城镇的发展带动周边农村的发展，并通过周边农村的发展进一步促进城镇的繁荣。本书正是基于以上考虑，提出了依托城镇网络推进城乡协调的设想。

本书首先对国内外城乡发展的历程进行了梳理，对发展过程中存在的经验和教训进行了总结，为下面的研究打下了基础。而后，从分析城乡协调发展的影响因素着手，探讨了城乡之间的关联性、非线性和多重均衡性，对城乡协调发展的两种极端均衡状态，即城乡良性循环状态和城乡协调闭锁状态进行了研究。并从路径依赖的角度对中国城乡协调闭锁状态的成因进行了分析，认为城乡协调闭锁状态是战争、自然灾害等随机因素在收益递增机制下共同作用的结果。

政府对城乡协调的闭锁状态不是熟视无睹，而是一直在做着各种尝试试图摆脱城乡之间的种种恶性循环。本书回顾了改革开放以来，政府试图促进农村经济发展，缩小城乡收入差距的四种尝试，包括农村家庭联产承包制、乡镇企业的发展、撤乡并镇、社会主义新农村建设，并对其实施绩效进行了分析。实践证明，这几种尝试在一定程度上促进了农村的发展，恰当的政策正在引导城乡关系转入良性的方向。但是，城乡之间的差距依然比较大，城乡的协调发展需要把城市和乡村作为一个有机的整体来看待，"以城带乡，以乡促城"。

从系统论的角度看，城镇和农村同等重要，区域的发展是数目众多的各层级城镇以及其周边腹地共同作用的结果，依托城镇网络推进城乡协调发展有利于降低城乡系统的运行成本，提高城乡系统的运行效率，实现城乡系统由无序向有序的转化。基于这一点，本书提出了以网络型发展模式代替增长极发展模式的设想，主张以城镇网络为载体，加强城际、城乡及乡村之间的纵向和横向交流与合作，促进城乡间劳动力、资本和技术等要素在城乡之间的双向流动，逐步实现城乡系统的自组织协调。

城乡间的关联性受多种因素的影响，本书选取了空间联系水平、经济联系水平、社会联系水平和生态联系水平作为一级指标，采用了层次分析法，对中国城乡协调关联性进行了分时段、分区域的定量化测度，分析了中国城乡协调发展的历史性和阶段性，并在此基础上对渐进式推进城乡协调发展的过程进行了步骤设计。

最后，本书结合实际对依托城镇网络推进城乡协调发展的问题进行了分析，认为城乡协调发展中存在着基础设施网络不健全；城乡要素流动受到户籍制度、土地制度和社会保障制度的约束；城乡协调发展中市场和政府的功能较弱等问题。在问题分析的基础上，提出了相应的对策，包括加强城乡交通网络和信息网络构建，提高城乡空间联系水平；设计一个土地—社会保障—户籍制度改革相互补充、相互联动的政策组合，破解城乡要素流动的制度障碍；规范市场和政府行为，促进市场机制和政府的耦合协调发展。

目 录

1 绪论 ……………………………………………………………… 1
 1.1 研究背景、目的和意义 …………………………………… 1
 1.2 国内外研究综述 …………………………………………… 2
  1.2.1 城乡协调发展的空间联系 …………………………… 3
  1.2.2 城乡协调发展的模式 ………………………………… 6
  1.2.3 研究现状评述及展望 ………………………………… 10
 1.3 研究内容 …………………………………………………… 11
 1.4 研究方法和技术路线 ……………………………………… 11

2 城乡协调发展的国际经验与国内实践 ………………………… 14
 2.1 国外城乡协调发展的经验与启示 ………………………… 14
  2.1.1 发达国家城乡关系的演进 …………………………… 14
  2.1.2 发展中国家城乡协调发展的演进 …………………… 19
  2.1.3 国外城乡协调发展的经验 …………………………… 23
  2.1.4 国外城乡协调发展的启示与借鉴 …………………… 26
 2.2 中国城镇化进程中城乡协调的演进与现状 ……………… 28
  2.2.1 中国城乡协调发展历史的演变 ……………………… 28
  2.2.2 中国城乡协调发展的经验与启示 …………………… 33
 2.3 本章小结 …………………………………………………… 35

3 城镇化进程中城乡协调"闭锁状态"的形成机理 …… 36
3.1 城乡协调发展的影响因素 …… 36
3.1.1 历史因素和现实因素 …… 36
3.1.2 国际、国内因素以及区域因素 …… 37
3.2 中国城乡协调发展的困境 …… 40
3.2.1 城乡之间的联系与相互依赖 …… 40
3.2.2 城乡联系和区域发展的锁定 …… 43
3.2.3 中国城乡协调发展的困境："闭锁状态" …… 44
3.3 中国"城乡协调闭锁状态"的形成 …… 46
3.3.1 中国城乡协调初始路径的选择 …… 46
3.3.2 中国城乡协调发展的路径依赖 …… 48
3.3.3 中国城乡协调闭锁状态的产生 …… 53
3.4 本章小结 …… 55

4 破解"城乡协调闭锁状态"的尝试及绩效 …… 56
4.1 家庭联产承包责任制的历史变迁与绩效分析 …… 56
4.1.1 家庭联产承包责任制的推行 …… 56
4.1.2 家庭联产承包责任制存在的问题及完善 …… 59
4.1.3 农村土地改革：从家庭联产承包责任制到三权分置 …… 61
4.2 乡镇企业的发展与绩效分析 …… 61
4.2.1 乡镇企业发展的历程 …… 61
4.2.2 乡镇企业在发展中遇到的问题 …… 63
4.2.3 乡镇企业的转型升级 …… 64
4.3 撤乡并镇及其绩效分析 …… 65
4.3.1 改革以来撤乡并镇的情况 …… 65
4.3.2 撤乡并镇的绩效评价 …… 66
4.3.3 撤乡并镇的完善与发展 …… 67
4.4 社会主义新农村建设及其绩效分析 …… 68

  4.4.1 社会主义新农村建设的情况 ……………………………… 68
  4.4.2 社会主义新农村建设的绩效分析 …………………………… 70
  4.4.3 党的十八大以来的脱贫攻坚与乡村振兴 …………………… 73
 4.5 本章小结 ………………………………………………………… 75

5 退出城乡协调闭锁状态的途径：依托城镇网络发展 ……… 76
 5.1 依托城镇网络退出城乡协调闭锁状态的设想 ………………… 76
 5.2 依托城镇网络退出城乡闭锁状态的原因 ……………………… 78
 5.3 依托城镇网络退出城乡协调闭锁状态的可行性 ……………… 80
  5.3.1 城镇网络的初具规模 ………………………………………… 80
  5.3.2 城镇网络之间具有较强的空间自相关性 …………………… 81
  5.3.3 城镇网络带动城乡发展初露端倪 …………………………… 82
 5.4 依托城镇网络退出城乡闭锁状态的保障 ……………………… 83
  5.4.1 交易效率的提高 ……………………………………………… 83
  5.4.2 市场机制和政府政策的共同作用 …………………………… 84
 5.5 依托城镇网络退出城乡闭锁状态的过程 ……………………… 85
  5.5.1 依托城镇网络促进城乡分工 ………………………………… 85
  5.5.2 依托城镇网络促进城乡间的要素流动 ……………………… 96
  5.5.3 依托城镇网络促进城乡间的自组织协调 …………………… 107
 5.6 本章小结 ………………………………………………………… 110

6 依托城镇网络推进城乡协调发展的阶段安排 ……………… 111
 6.1 城乡协调发展评价指标体系的构建 …………………………… 111
  6.1.1 指标体系的构建原则 ………………………………………… 111
  6.1.2 指标体系的构建 ……………………………………………… 112
 6.2 城乡协调发展的历史分析和区域比较 ………………………… 114
  6.2.1 评价分析方法 ………………………………………………… 114
  6.2.2 城乡协调发展的历史分析 …………………………………… 116

6.2.3 城乡协调发展的区域比较 …………………………… 119
6.3 依托城镇网络渐进式推进城乡协调发展的步骤设计 ………… 122
　　6.3.1 渐进式推进城乡协调发展的设计原则 ………………… 122
　　6.3.2 城乡协调发展的步骤设计 ……………………………… 124
6.4 本章小结 ………………………………………………………… 126

7 依托城镇网络推进城乡协调发展的问题与对策 …………… 127
7.1 依托城镇网络推进城乡协调发展的问题 ……………………… 127
　　7.1.1 我国基础设施建设的不均衡性 ………………………… 127
　　7.1.2 城乡要素流动存在制度约束 …………………………… 130
　　7.1.3 市场和政府的功能较弱 ………………………………… 132
7.2 依托城镇网络推进城乡协调发展的对策 ……………………… 133
　　7.2.1 加强城乡基础设施网络的构建 ………………………… 133
　　7.2.2 逐步破解城乡协调发展的制度障碍 …………………… 134
　　7.2.3 建立和完善农村市场体系 ……………………………… 139
　　7.2.4 促进市场机制和政府干预的耦合协调发展 …………… 141
7.3 本章小结 ………………………………………………………… 144

结　论 ………………………………………………………………… 145
参考文献 ……………………………………………………………… 147

1 绪论

1.1 研究背景、目的和意义

自1978年改革开放以来，我国的经济建设取得了很大的成就，市场经济体制日臻完善，经济保持高速增长的态势，城镇化进程不断加快，政府对农村的关注程度不断增加。从1982年中共中央发出第一个关于"三农"问题的"一号文件"开始，至今共发出了24个"一号文件"。2022年的中央一号文件再次关注"三农"，这是中央从2004年以来连续第十九年将一号文件的焦点锁定于"三农"领域，也是中华人民共和国成立以来中央决策层对"三农"的最长关注周期。

中国的城乡收入差距变化分为两个阶段。1978—2009年，城乡收入差距并没有随着城乡经济的发展、城市化进程的加快和政府关注度的提高而缩小，相反，则出现了进一步扩大的趋势。城乡收入比率从1978年的2.6增加到了2002年的3.11，2006年增加到了3.27；在勉力推进"三农问题"解决的2009年，城乡收入差距继续扩大，攀升至3.33。首先，农民收入增长的缓慢使越来越多的农村精壮劳动力选择到城市发展，加剧了农村人才的不足，对有限资源的依赖导致过度的开发和环境的破坏，低收入将会持续。同时，农民收入增长的乏力也必然导致对城市工业品需求的不足，使城市工业生产萎缩，破坏地方城镇经济以及它的发展潜力。其次，这种城乡之间的收入差距不仅是长期存在并且难以解决的问题，同时还是城市和农村差距继续扩大的原因。党的十八大以来，党和政府高度重视收入分配问题，随着乡村振兴战略和脱贫攻坚各项政策的纵深推进，农村居民人均可支配收入增速持续快于城镇居民，城乡和区域居民收入差距持续缩小，2022年，城乡居民人均收入比为2.45，比2021年缩小0.05，收入分配格局明显改善。

虽然理论界和政府都已经认识到了城乡协调的重要性，但迄今仍没有一套促进城乡协调发展的综合计划与方案。或者通过"城市偏向"政策过分强调工业化和城镇化，或者又回过头来孤立地强调农业的重要性，采取一些方法促进农业发展与农村进步，但始终缺少一个综合考虑农业与工业、农村与城市协调发展的计划方案。目前，国内有很多学者认识到了体制问题是阻碍城乡协调发展的主要障碍，并尝试着从路径依赖的角度进行分析，但是他们的分析仍然位于新制度经济学的基本框架之下，不能摆脱新古典经济学的一般均衡、线性和静态等核心假设，无法对非线性、多重均衡性、时间不可逆性等路径依赖的特性给出有效的解释，也不能提出有效地破解路径依赖的解决方案。因此，如何破解城乡之间的路径依赖，退出"二元结构"闭锁状态，进而建立有利于城乡协调发展的良性路径依赖状态，就成为一个亟待解决的难题。

城乡之间闭锁状态的退出，有利于加强城乡之间的联系，缩小城乡差距，提高农民收入，增加对城市功能和城市服务的需求，降低对资源和环境的依赖，进而建立良性路径依赖的机制，保持经济和社会的稳定发展。本书正是基于这一问题，在国内外相关研究的基础上，从城乡联系与城乡要素流动的角度出发，使用演化经济学的分析理论，为城乡协调演化中的路径依赖问题提供一个非均衡的、动态的和开放系统思考的分析视角，力图对城乡经济系统演化过程中的闭锁状态的成因进行分析，提出依托城镇网络退出城乡之间闭锁状态的设想和建立良性路径依赖的机制。

1.2 国内外研究综述

长期以来，人们将城市和农村的发展孤立起来分析。20世纪80年代以来，越来越多的学者认识到城乡变化不仅应作为他们本身的发展过程，而且应该作为一个更深层次的社会结构转换过程看待[1][2]，因此，应从二者关联和协调的角度进行研究。Douglass认为，农村结构的变化、发展通过农村和城市之间一系列的流动和城市的功能、角色联系起来，研究的任务就是分析流动的模式以及他们对农村区域经济发展的联合影响[3]。本书将依据这一思路，分别对城乡协调发展的空间联系、城乡协调发展的模式、制约因素和对策措施进行综述。

1.2.1 城乡协调发展的空间联系

城乡协调发展是通过资本、劳动力、物质、信息等社会经济要素在城乡空间的双向流动而形成的一种空间关联的地域关系，很多学者对城乡协调发展的空间联系进行了研究。Preston首次将城乡协调发展的空间联系划分为五个类别：人口的流动、商品的流动、资本的流动、社会交易、行政和服务的供应[4]。Douglass和Cecilia Tacoli对其理论进行了更深层次拓展，研究内容集中在人口的流动、商品的流动、生产的流动、资本的流动、信息的流动和污染物的流动上。[5]乔翠霞认为，城乡之间劳动力、土地、资本、信息技术、土地产权等资源要素的跨界流动，主要目标是实现要素在功能上面的优势互补，以及实现城乡利益的最大化[6]。本书把人口的流动、资本的流动等生产要素的流动统称为要素的流动，因此，城乡协调发展的空间联系大体可分为以下三大类：要素的流动、商品的流动和污染物的流动。

1.2.1.1 要素的流动

1. 人口的流动

在城乡之间的空间联系中，对人口的流动研究最多，有关研究多集中在发展中国家，而中国因其户籍制度而形成的对劳动力迁移的特殊影响，备受学者的关注。大多数的研究认为，城乡之间的人口流动主要指农村向城镇的人口迁移。用来解释农村劳动力向城镇迁移的传统理论是"推—拉"理论，农村地区的贫困及大量的剩余劳动力是推力的主要形成因素，而城乡之间的收入差距是拉力的主要形成因素[7][8]。Sirin Saracoglu和Terry L. Roel认为，农村向城市地区的人口迁移不仅仅取决于区域之间的收入差距，还取决于区域之间家庭支出生活成本的差异，而城乡之间资本市场的分割是造成发展中国家城乡之间经济增长不平衡和劳动力迁移的主要因素。[9]除了推拉影响力之外，学者们还就其他个人或者家庭特征对劳动力迁移的影响进行了研究，比如年龄、性别、教育水平、家庭规模等。随着时间的推移，人口迁移的类型和方向也发生了一些改变。一方面，人口在向大城市迁移的同时，很多拥有工业区和靠近大城市的次级城镇也吸引了越来越多的农村迁移劳动力。另一方面，一些地方由于政策变动、宏观经济不景气、发展战略失误和计划经济体制作用等原因出现了人口回流现象。

由于中国特殊的户籍制度，中国的人口迁移和其他发展中国家是有区别的。在20世纪60年代，由于户籍制度的存在，农民向城市的转移成本很高，很多农民只能留在农村，为工业化提供廉价的农产品。户籍制度不但使农村向城镇的迁移成为不可能，也严格地控制了城市之间、农村之间和城镇到农村之间的人口流动，剥夺了城市和农村居民迁移的自由。[10]改革开放以后，从20世纪80年代中后期开始，农村向城市人口的迁移才成为一个普遍的社会现象。Huang和Piekeand Song把1979年以来我们国家人口迁移政策的演变分为四个阶段，我国的人口流动随着政策的演变在波动中前进。[11][12] 2000年以后，政府才开始改革户籍制度，并允许人口的自由流动，农村不断地向城市输出人口。2021年，中国外出农民工数量达到29 251万，占到流动人口比例的77.83%。这说明由农村流向城镇的农村劳动力仍然是当前城乡劳动力双向流动的关键主体。[13]

2. 资金的流动

资金流动是城乡联系的一个重要组成部分，Knight和Song认为，和城乡经济联系有关的基本经济理论有三个。第一个是刘易斯的经济增长模型，刘易斯认为通过强制性或"剪刀差"的方式使资金从农业流向城市工业部门，有利于吸纳农村富余的劳动力，并带来对农产品需求的增加，导致农业生产效率的提高。[14]依据这个模型，城乡之间可以形成一种动态平衡。第二个模型是罗斯托的经济发展阶段模型，通过农产品价格的下降，为城镇工业部门积累资金，促进城镇工业部门的增长，但会削弱农民的收入和消费。最后一个模型是利普顿的城市偏向理论，这个模型认为城镇居民可以给政府施加更多的影响，因为他们的政治觉悟更强、更有组织性，结果资本由农村向城市的流动，城市人民的生活水平提高了。这三种理论都假设资本由农村向城市的流动是国家发展的需要，但是也有一些经济理论认为资本也可以从城市流向农村，比如弗里德曼认为当城市积聚到一定程度时，城市的资本会通过"涓滴效应"流向农村。

农村向城市的资金流动主要通过财政手段、价格手段和信贷手段，城市向农村的资金流动主要通过政策性贷款、对农村工业的投资、农村转移劳动力向家庭的汇款。大多数的研究表明，在发展中国家，不论经济体制是计划经济体制还是市场经济体制，都会为了城镇的利益剥削农村，农村地区在获取贷款和获取金融服务方面面临着很多障碍。资本由农村到城镇的单向流动是导致城乡收入差距的一个重要因素。戴思国指出，多数银行倾向于将从农村吸收的存款上存到县级以上机构或运用到债券、同业存款、城市贷款等领域，进而导致资金从农村流向城市。[15]

1.2.1.2 商品的流动

城乡之间的商品流动是城乡联系的重要组成要素，学者们普遍认为城乡之间的商品流动包括投入品、消费品以及农产品，城乡之间的商品市场合作是促进农村发展的重要因素。Gaile认为政府对生产性基础设施的投资（电力、供水和运输系统）可以弥补由于区域不平等所带来的市场失灵。由于大多数第三世界国家在世界市场上的比较优势是农产品的生产，因此，应该提高生产者和国内外市场联系的效率。[16]

Douglass提出了两种模型来反映城乡之间的商品流动，一种是良性循环模型，一种是恶性循环模型。他认为许多地区的商品流动介于良性循环和恶性循环之间，要想建立城乡发展的一种互惠关系，就必须通过政策干预联合起来打造一种良性的循环系统。干预的手段包括：土地改革、农业多样化、城乡之间的合作、环境规划、道路、电力、通信、灌溉等基础设施的完善。[3]Shyamal Chowdhury认为，信息不对称、交易成本、交通运输成本、政策障碍以及社会和非经济因素增加了转换成本，阻碍城乡之间的市场一体化，可以借助市场组织增强城乡之间的联系。[17]赵淑华认为，统一城乡市场需要统一城乡市场主体，农村市场经济主体可分为农村集体经济组织、农村中的各类合作经济组织和农户三类。[18]

1.2.1.3 污染物的流动

城市中心（尤其是大中型城市）对城区以外地区的环境有重要的影响，城市的生态足迹常常包括被认为是农村的地区。城市周围的生态环境常常被其对资源的需求及产生的污染物所改变，城市周围生态环境的退化主要包括：水污染、市场扩张导致的农村土地减少和退化、腐蚀、对现有森林资源、海岸陆地及海洋生态系统的威胁以及有毒污染物的随意处置。[19]城市中心可以通过控制污染和减少污染物的排放解决大多数工业污染问题，然而，郊区过度使用化肥、除草剂、杀虫剂和集中牲畜养殖所产生的农业污染物也会向城市流动。解决城乡之间的污染物流动问题需要不同区域具有权限的政府部门的合作，涉及的主体包括工业部门、市政部门、城镇居民、农村居民，因为不同的主体目标不同，尽管改善环境的有效行动需要不同主体进行合作，但是许多潜在的冲突还是很难解决。Jon Naustdalslid和Vibeke Nenseth认为，城镇的可持续发展不仅仅是一个政策执行的问题，行动者数量和立场的多样性，导致政策意图和政策实现存在着很大的偏差。可持续发展应该成为家庭在实现利润最大化时，一种无意识的行为选择。[20]

1.2.2 城乡协调发展的模式

Escobar认为，近四十年来的关于城乡协调发展的争论都集中在工业和农业不断变化的关系以及资金在这两个部门的合理分配上。根据这个观点，城乡协调发展的模式通常分为"自上而下发展模式""自下而上发展模式"和"城乡融合发展模式"。[21]

1.2.2.1 自上而下发展模式

这种模式是刘易斯在20世纪50年代中期首先提出的，是用来解释发展中国家经济发展过程的经典模式。强调以城市为中心，认为工业和城市的增长是一个更现代的、富有生产性的农业部门发展的先决条件。资源要素从城市到乡村的流动能带动乡村地区发展，城市的辐射能力越强，其对乡村发展的推动效应越强。

刘易斯假定第三世界地区农村人口居住得非常密集，边际产量很低。因此，把劳动力从农业部门转移到城市工业部门不会导致农业生产力的下降。[22]因此，城市以国家经济长期发展的名义占有农村的资源、劳动和资金就显得是合法的。[23]事实上，直到20世纪60年代中期，农村向城市地区的人口迁移被认为是一个积极的过程。从刘易斯和相关的模型中得出的一般的方针政策，都要求加快城市工业的增长以实现向城市为基础的社会的转变。许多刚建立起来的第三世界亚非国家都选择了西方的工业化模式，把它们有限的资源都集中到城市工业化的发展当中，而忽略了农村地区的发展，尤其是那些农村人口仍然占绝大多数的国家。发展中国家的政府之所以采用这种以大城市为中心的增长极理论，是因为他们相信通过在大城市中心和省会城市对资本密集型工业进行大规模投资，可以带动经济的增长和社会福利水平的提高。而这种增长可以通过"滴流效应"在区域发展过程中扩散到农村地区，形成经济增长从城市到农村的一个良性循环。[24]

虽然短期内以城市为中心的扩散机制促进了经济的增长，然而，在

20世纪50年代末，制造业部门创造就业的能力比预期的明显降低，并且不能吸纳快速增长的城市人口。拉丁美洲和非洲的经验证明，预期的"滴流效应"被不利的"回流效应"代替，城乡之间的不平等持续并且有扩大的趋势。理论和现实之间的矛盾引发了对以前城市导向发展政策的激烈批判，其中以Lipton的"城市偏向（urban bias）"理论为代表。[25]他认为农村的贫困人口受强大的城市利益集团的控制和剥削，第三世界国家的主要的阶级冲突就在于城市阶级和农村阶级，农业部门拥有大量的贫困人口和许多有发展潜力的低成本资源，而城市部门拥有话语权、机构和权利。因为"自上而下"的发展模式很难实现城乡之间平等发展的目标，Stöhr和Taylor强烈主张采取"自下而上"的发展模式，以满足城乡居民基本需要的目标取代着重经济增长的目标，政策的首要目的就是要消除贫困。[26]

1.2.2.2 自下而上发展模式

"城市偏向"理论的提出引发了对自下而上发展模式的探索。在20世纪五六十年代，人们认为小城镇作为发展的中心，在向农村地区扩散创新和现代化的进程中发挥着重要的作用。自下而上发展模式强调以农村发展为主体，以农村人口与劳动力转化和空间集聚为表征，以农村小城镇发育壮大为中心的农村地域转化为城市地域的过程。[27]

Johnson在这个领域进行了开创性的研究，从印度的案例中他得出农村城镇的发展可以填补大城市和村庄之间的差距，是农村进行商业化的必要条件，规划者的任务就是促进市场化城镇的发展。[28]后来，Rondinelli把它称为"农村发展中的城市功能（UFRD）"，Johnson所拥护的选取重要的农村城镇作为农业发展中心的观点，被重新定义为城镇在农村地区发展中所承担的一系列重要作用，包括销售中心、服务中心、生产的供给和支持中心等[29][30]。Rondinelli认为，最有效、最合理的推动农村发展的空间战略就是建立一个包含大城镇、中等城镇和小城镇的完整的、稳定的城镇体系。这种观点与我国费孝通教授的观点相似，他也认为乡镇企业和小城镇的建设对城乡联系意义重大。[31]张文礼对小城镇发展模式进行了扩展，在小城镇理论的基础上，结合西北民族地区实际情况，提出了"中心村庄"发展假说和"中心村庄—小城镇—中小城市—大城市"的内源发展的新模式。[32]但是，也有人对自下而上发展模式提出了批评，他们明确指出城市功能并非社会中立的，因此，"农村发展中的城市功能"战略可能会加剧乡村的不平等发展。

　　以小城镇为中心的城乡协调机制仍然有"城市偏向"的倾向，因此，在20世纪60年代末和70年代初，一些学者提出了具有"农村偏向"的农村发展一体化（IRD）战略。农村发展一体化战略希望通过改善农村的居住环境和建造社会基础设施，给农民的生活带来质和量的变化。尽管农村发展一体化可以帮助农村开展非农活动，但这些学者的重点主要还在规划农业部门的生产上，并且提出的方案很少考虑到和城镇之间的潜在联系。事实证明，这个战略在推动农村发展方面也是不成功的。

1.2.2.3 城乡融合发展模式

　　由于增长极理论、"农村发展中的城市功能"和"农村发展一体化"理论的局限性，给城市功能的重新定位提出了一个问题，即怎样才能在规划过程中把城市和农村的发展潜力和互补性结合起来？我们必须认识到城乡之间的关系不是单一的农村对城市的依赖，而是相互强化的关系。美国著名城市理论家刘易斯·芒福德指出，城与乡不能截然分开，城与乡同等重要，城与乡应当有机地结合在一起。[33]McGee教授于1989年提出了城乡一体化（desakota）的概念，desakota区域既与传统意义上的农村不一样，也与通常意义上的城市不一样，但同时具有这两种社会的特征。这种空间形态是城乡两大地理系统相互作用、相互影响而形成的一种新的空间形态，是从城乡联系与城乡要素流动的角度，研究社会与经济变迁对区域发展的影响。[34]另一个明确地把城市和农村的发展结合在一起的是"农村城市共同发展"（agropolitan development）方法，该方法提出在地方层面上，只有把城市和农村发展联系起来，才能更好地实现农村的发展。[35][36][37]

　　Douglass则主张建立一种新的网络化的农村区域发展方式，这种区域网络方法提倡建立一个分散化的规划系统，强调区域性城乡经济协调发展的动态和空间过程。网络的概念是基于许多聚落的簇群（clustering），每一个簇群都有自己的特征和内部关联，而不是为一个巨大的地区选定单个大城市作为综合性中心，该模型强调提高居民日常生活质量和改善城乡基础设施网络连接度。[38]我国学者曾新菊也就区域网络化发展模式进行了研究，认为网络化是区域内形成维系城、镇、乡网络系统共生共长的一个空间过程，城乡网络化结构要通过各种载体的传递功能，促进要素的合理流动，进而形成复杂的网络结构。对于城乡融合发展模式的探索，学者们基本是选取某一区域进行研究。如贺艳华等通过分析长沙望城区的城乡发展进程，明确了城—镇—村联合发展机制的优越性，提出了未来区域城乡融合发展的核心理念。[39]

1.2.2.4 城乡协调发展的制约因素及对策措施

Douglass（1998）认为，影响城乡发展的因素主要包括社会经济关系、农业经济结构、农村的生产体制、自然环境和资源、人工环境、空间联系。[3]David Okali和Douglass的观点基本相同，认为影响城乡发展的因素包括历史因素、政治经济因素、社会文化因素、自然环境因素。对于发展中国家来说，城乡协调发展的制约因素主要是体制问题、城镇化和农村发展中存在的问题。[40]

体制问题是我国学者关注的一个重点。叶兴庆认为，体制不合理是城乡发展不协调的首要因素，农村投入不足是城乡发展不协调的关键所在，对农民索取过多是城乡发展不协调的重要原因。解决上述问题，要采取多予、少取、放活的策略方针。[41]林光彬认为中国城乡收入差距扩大的发生机制与根本原因是社会等级秩序格局、失衡的财富与收入分配格局、资源的流动性障碍格局与市场等级化格局等一系列社会安排的相互作用，因此，缩小城乡居民收入差距的根本性措施是实现城乡等级法权地位平等化、收入分配格局平衡化、农村资源充分流动化与市场一体化。[42]张红宇在肯定城乡协调具有阶段性特点的基础上，认为城乡协调的制度创新应该采取中间制度的安排。[43]李淑妍、隋云龙等也基于不同地区的实践经验，指出在城镇协调发展中要深化土地制度改革，大力支持基础设施和公共服务建设。[44][45]

从城镇的角度来探讨城乡难以协调的原因主要包括缺少合理城镇体系规划、中心城市功能的扭曲及过度城市化等问题。完善城镇体系是解决这个问题的关键，通过走多元化的城市发展道路，形成大中小城市和小城镇协调发展的城镇体系。其中，很多学者认为应该大力发展县域经济，把县域经济作为城乡协调发展的载体。

从农村、农业、农民的角度来探讨城乡难以协调的原因包括农村人口过多、农民素质普遍较低等劳动力方面的问题；农业基础不稳固、农村工业化与城镇化的不同步等产业方面的问题；农业文化、传统的农业社会结构等思想观念上的问题。要实现城乡协调发展，就需要提高人口素质、调整产业结构，并从思想观念上消除城乡对立倾向。

1.2.3 研究现状评述及展望

综上所述，对城乡协调发展的研究多是从城乡协调发展的空间联系、城乡协调发展的模式、城乡协调发展的制约因素及其对策这三个方面展开的。这些成果对研究我国城乡二元结构的起因、现状及如何消除城乡二元结构，实现城乡协调发展具有重要的指导意义。但也存在着如下不足，需要进一步的研究和拓展。

（1）现有的文献多从城乡系统内部的角度去探讨城乡关系，研究多集中在对"自上而下模式"和"自下而上模式"的争论上，而忽略了各子系统之间以及系统与外界环境之间的交流和联系，对区域间、城市间、乡村间的社会、经济联系较少涉及。后续的研究要把城乡协调放在区域协调背景下，从经济社会长期发展的一般规律入手，分析城乡协调和区域协调之间的相互作用，把区域发展看成是数目众多的各层级城镇及其周边地区共同作用的结果。

（2）现有文献对城乡要素流动的研究多集中在由农村到城镇的单向流动上，对如何促进城镇要素向农村扩散，实现城乡要素的双向流动，研究的比较少，需要进一步加强。本书的后续研究要在城乡间要素流动现状和影响分析的基础上，提出促进城乡间要素双向流动的对策。

（3）现有文献在研究城乡协调发展时，很少考虑城乡发展的阶段性和地域性特征，具体目标不是很明确，且缺乏长期规划。一是缺少对不同阶段目标的设定，我国经济社会正处于转型与快速发展期，不同的社会经济状况需要不同的城乡关系与之相适应。但是，对于如何适应的问题，理论界和政府决策部门并没有一个明确的认识，更缺乏长期的规划和部署。短期性、临时性的政策建议多，长期性的政策建议少，往往是"头疼医头，脚疼医脚"，不能做到标本兼治。二是缺少对不同区域发展目标的设定，我国地域辽阔，区域之间的经济和社会差异又比较悬殊，不同的区域在短期内的目标结构和政策措施应该具有针对性，不应该搞"一刀切"。本书要对中国城乡协调关联性进行分时段、分区域的定量化测度，并在充分考虑城乡协调发展的历史性和阶段性的基础上，对渐进式推进城乡协调发展的过程进行步骤设计。

1.3 研究内容

本书立足于非均衡、动态和开放系统思考的分析视角，运用实证和规范分析、整体和结构分析、定性和定量分析相结合的方法，从城乡联系与城乡要素流动的角度出发，探讨了依托城镇网络推进城乡协调发展的必要性和可行性，并就如何依托城镇网络退出城乡协调闭锁，促进城乡协调发展进行了研究。主要内容如下。

（1）在借鉴国外城乡协调发展的经验并总结其教训的基础上，对中国城乡协调发展的历史和现状进行了分析，总结了中国城乡协调发展的成就和基本经验，为后续的研究打下基础。

（2）以城乡协调发展的影响因素为基础，分析了城乡之间的相互依赖性和多重均衡性，探讨了当前我国城乡协调发展所处的"闭锁状态"，并就城乡经济系统演化过程中"闭锁状态"的成因进行了深入的剖析。

（3）回顾了改革开放以来，试图促进农村经济发展，缩小城乡收入差距的几种尝试，包括农村家庭联产承包制、乡镇企业的发展、撤乡并镇以及社会主义新农村建设，并对其的实施效果进行了分析。

（4）提出了依托城镇网络退出城乡协调闭锁状态的设想，并对其的必要性和可行性进行了论证。在可行性研究之后，分析了依托城镇网络退出城乡闭锁状态的保障，并对如何依托城镇网络退出城乡协调闭锁状态的过程进行了深入细致的分析。

（5）在构建城乡协调发展评价指标体系的基础上，对中国城乡协调发展进行历史分析和区域比较，得出城乡协调发展具有阶段性和地域性的特征，提出依托城镇网络渐进式推进城乡协调发展的步骤设计。

（6）本书结合实际对依托城镇网络推进城乡协调发展的问题进行了分析，认为城乡协调发展中存在着基础设施网络不健全、城乡要素流动受阻等问题。并在问题分析的基础上，提出了相应的对策。

1.4 研究方法和技术路线

本书的研究方法主要包括以下几方面。

（1）实证和规范相结合的方法。本书用实证分析的方法来分析城乡协调闭锁状态的产生机理、城乡协调的阶段性和地域性，用规范研究的方法来分析退出城乡协调闭锁状态的根本途径以及城乡协调发展渐进式推进的步骤设计。

（2）结构主义分析方法。城乡实际上是一个时空系统，既有时间演进的过程，更有空间要素的相互作用。城乡空间要素彼此关联，研究从整体角度进行区域层面分析，从关联角度分析要素，并运用相关的空间分析模型进行定量化的分析。

（3）定性分析与定量分析相结合的方法。本书重视定量分析，建立城乡协调发展的评价指标体系，测量不同地区的城乡协调度，作为对定性分析的有效补充。

本书研究的技术路线如图1-1所示。

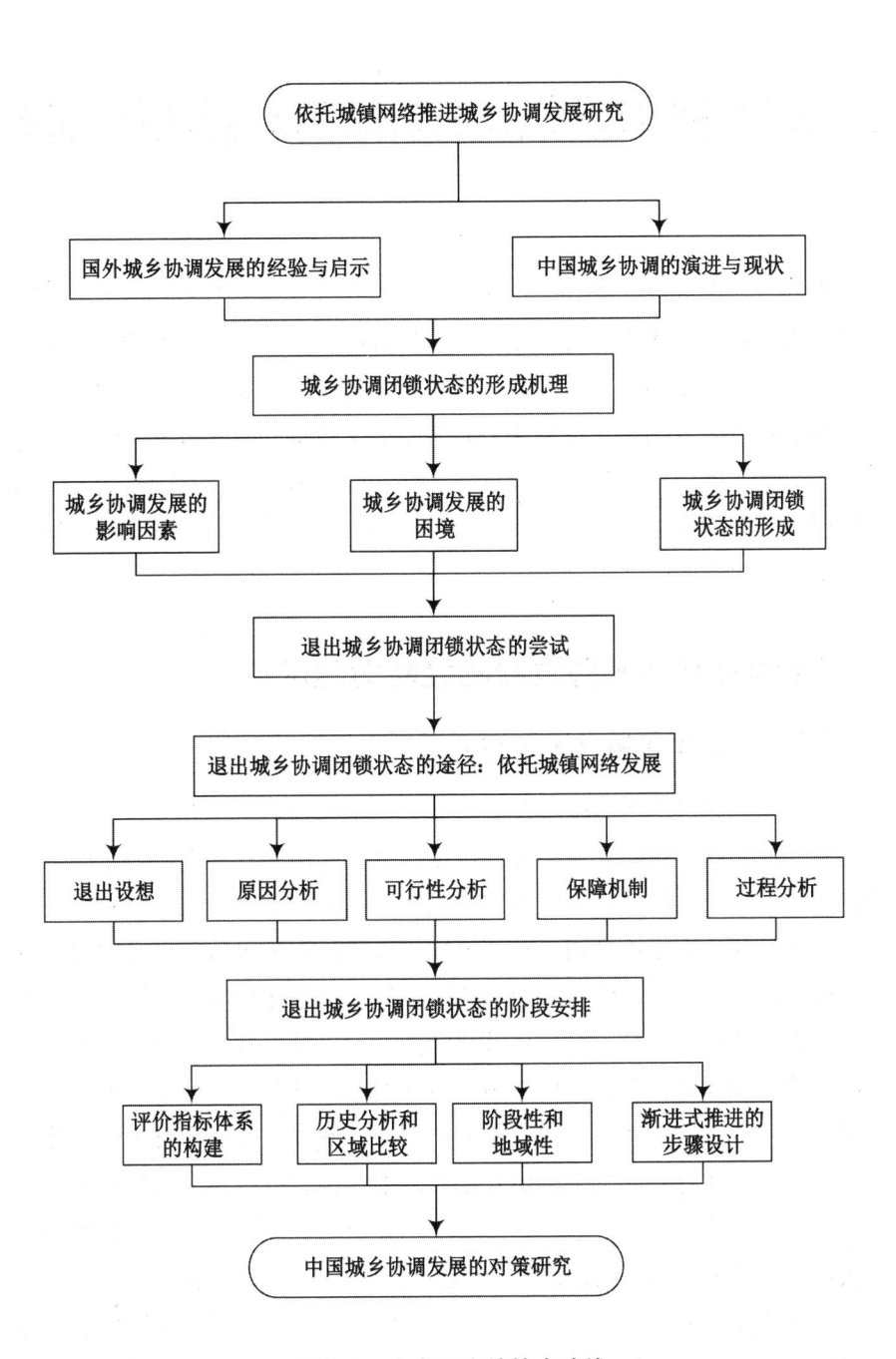

图1-1 本书研究的技术路线

2 城乡协调发展的国际经验与国内实践

世界各国的经济和社会发展，都经历了从分散的农村聚居到更为集中的城市聚居的过程。随着工业和人口日益向城市集中，兴盛的城市和衰败的乡村之间的差别日益扩大，导致了城乡间矛盾的加剧和严重的城乡对立。到了近代，发达国家逐渐认识到城乡协调的重要性，城乡之间的关系逐渐从对立走向融合。但是，对于大多数发展中国家，包括中国而言，城乡之间的差距却有进一步扩大的趋势，城乡关系的不协调往往是经济发展过程中存在的最大难题之一。

2.1 国外城乡协调发展的经验与启示

2.1.1 发达国家城乡关系的演进

2.1.1.1 工业化以前的城乡关系

工业革命以前，农业是国民经济中的重要部门，农业人口占全国人口的绝大多数。在发展初期，城市的规模较小，乡村地区便处于城市居民步行便很容易到达的范围之内。在其形成阶段中，城市也从未失去同附近乡村或村庄的联系，人口随着季节变化大量地涌入或涌出城市。埃米尔·库思很早以前就在他的名著《古代城市》一书中说过，城市和乡村构成了古希腊人的一种和谐一致，它们并不是对立的。威尼斯在中世纪规定每个居民必须在乡村里住上两年，并从制度上保证了城镇居民对乡村生活和体育运动的热爱。规定农业是不论男女都要从事的行业之一，人们从早年时起就受到这方面的训练，一是从学校中受到农业的正规教育；二是被送到城市附近的田野里，一有机会就参加劳动。

工业革命以前，城市是包围于农村之中的小岛，城市的发展依靠乡村提供粮食、建筑材料等生活必需品，巨大的市场需求导致了欧洲国家乡村工业的兴起。有的学者指出："从城乡关系的角度看，欧洲城市的发展可以说是点燃了农业经济爆炸之火,它使农村商品生产迅速兴盛起来。"[46]以法国为例,1789年,法国巴黎的人口约为60万～80万,按照当时生产率水平和维持最低生活水平的标准,要养活巴黎的人口,需要有150万～200万人将其剩余产品全部运到巴黎。因此,在巴黎四周25英里(约40.2千米)的区域内,所有的剩余谷物都要运到巴黎市场上销售。巴黎依赖于当时已高度商品化的农业,反过来,高度商品化的农业也依赖集中于巴黎的农产品贸易活动。

2.1.1.2 前工业化时期的城乡关系

18世纪中叶开始的工业革命是人类历史上的一个重要阶段,它实现了从工场手工业到大机器生产的飞跃。工业革命的浪潮起源于在资产阶级革命中首先获得胜利的英国,继而席卷欧美以至全世界。工业革命使人类社会进入了一个前所未有的工业化发展时期:大工业生产方式和现代资本主义生产关系最终确立,社会生产力得到了迅猛、跳跃式的发展,包括人们的思想观念在内的社会生活的各个领域发生了急剧的变化,整个社会处于不断的变革之中。从此世界从农业社会开始迈入工业社会,从乡村化时代开始进入城镇化时代。

产业革命以前,城市与乡村的经济性质并未彻底改变,机器大工业的产生,撕裂了"农业和工场手工业的原始家庭纽带"。[47]机器大生产彻底破坏了工业和农业的原始结合,城乡之间关系发生了很大变化。一是城乡之间的依赖关系表现出"不平等"特点,城市统治乡村,以至"剥削"乡村。资本主义的工业化和城市化,不仅使工业完全从农业中分离出来,而且加剧了农业发展的滞后和农村地区的贫困,使"农业完全从属于工业",使农村成为蜷伏在城市街道下的"殖民地"。二是城乡差距扩大。以1890年的美国为例,家庭总数中的12%的家庭却拥有高达86%的社会财富;而多达88%的美国家庭,包括穷人和中产阶级家庭,仅仅拥有14%的社会财富[48]。城市有一流的学校和教育,有最好的艺术馆和音乐厅,有各种各样的娱乐场所,有设备齐全的高级医院。而农村的现实情况是:农活繁重、农产品不值钱、农业收入菲薄、农村交通闭塞、学校和教堂短缺。三是城乡隔膜加深,而城市之间的相互联系却大大加强。工业化以前的城市和周边的农村地区有着密切的联系。农村是城市主要的要素供应方和产品销售地。但是,随着工业化进程的加快,各类主要工商业城市以及无数中小型城市的兴起，城市市场形成，19世纪80年代以后，铁路交通和其他交通手段把全国的城市连接成为一个巨大的城市网络系统，日益扩大的城市市场逐渐取代农村市场成为全国生产和消费的主要市场。四是人口和经济活动向城市大规模聚集，使城市的发展超出了社会资源的承受力，导致了各种"城市病"出现，主要包括住宅奇缺、污染严重、卫生状况恶化等。工业和农业的分离，城市和乡村的对立，使乡村成了纯粹经营农业的乡村，工业完全集中于城市。从此，城市成了工业的代名词，乡村成了农业的代名词，城乡之间处于完全的割裂状态，城乡对立达到顶点。

2.1.1.3 后工业化时期的城乡关系

从市场经济体制成熟国家的发展看，经历了前工业化时期的发展后，城乡经济的变迁改变了城乡之间相互依附的关系，从而形成了前工业化后期发达国家城乡之间的分割与对立，带来了包括农村贫困、产品过剩和社会秩序混乱等一系列问题。此时，"城市和乡村的对立的消灭不仅是可能的"而且"它已经成为工业生产本身的直接需要"。[49]城乡经济一体化的思想就是在这个背景下提出来的，从19世纪中叶起，随着主要资本主义国家工业革命的相继完成，整个社会在经济、技术等许多方面都发生了巨大的变化。现代工业的发展越来越离不开现代化农业的支持，同时也为农业现代化提供物质、技术等方面的保证。在政府相关政策的推动下，城乡间的联系加强了，经过一个多世纪的发展，目前，发达国家的城乡差别已经明显缩小，城乡之间由对立逐渐走向融合。主要表现在以下几个方面。

1. 农业由传统农业发展到现代农业

资本主义大工业的发展一方面加剧了城乡差距，同时也为缩小这种差距提供了物质技术装备、新的组织形式和新的观念。随着工业化、城市化的完成，在政府的支持下，农业的工业化、现代化、规模化、专业化、组织化进程加快，最终完成了由传统农业向现代农业的转变。农业的变化主要体现在以下几个方面。

一是农业的商品化和专业化。工商业的发展、城市化的扩大、人口的增长、农产品贸易的增加为商业化的农业提供了越来越广阔的市场。商业化是农业发展的灵魂。商业化农业以市场为导向，为了满足市场的需要，农民利用各个地区不同的土壤、气候、水源等自然条件，发展了具有特色的专业化地方农业。例如，许多农场由经营几种产品发展到只经营一种产品，甚至发展到只经营一种产品的一个品种。在大田作物生产工序上，诸如稻种、施肥、防治病虫害、收割、运输等，也都由专业公司经营。同时，在农业专业化条件下，农业生产日益采用工业生产的方法和工艺，实现了农业生产的机械化、电气化、自动化，农业生产的主要工序实行流水作业、连续生产，产品已做到批量化和标准化。

二是农业机械化和科技农业。农村的进步和发展，离不开城市工业的技术、设备等方面的支持和协助。早期的农具，以斧头、锄头、镰刀为主，随着农业机械化进程的不断加快，农业技术装备和农业劳动者的平均固定资产装备程度不断提高，后者甚至超过了某些工业部门。19世纪及其以前，农业产量的提高，主要依靠增加、开辟耕地面积来实现，被称为"广种农业"。随着化肥、农药以及生物技术在农业上的使用，农业的发展进入了一个科学技术的新时代，由"广种农业"，进入"精耕农业"和科技农业时代。

三是农业的规模化和组织化。农业劳动生产率的提高和农场的规模化和组织化经营有很大的直接关系。农场的合并与集中，有利于农业机械化的推广和使用。从1935—1970年的35年间，农场数量由1935年的681.4万个快速下降到1970年的294.9万个；与之相对应，农场规模快速增加，从62.6公顷增加到151.3公顷。美国农场基本完成规模扩展过程，农场数量大幅度减少，标志着美国农业进入了规模化经营的现代农业阶段。[50]伴随着农业的上述转变，农民合作社也在变迁中。合作社的合并与联合，使其数量减少规模扩大。以美国来说，合作社的数量从1930年的12 000个下降到1969年的7 477个。平均每个合作社的成员数从1915年的120人增加到1969年的825人。在组织结构上，合作社也从早期友好的邻里群体，发展成为企业型的科层化组织。像其他大组织一样，合作社的结构与组织制度越来越健全。由于规模的扩大，社区性的合作社组织发展到县级的或州级的，并成为全国农民组织的分支机构。这种联合，加强了农民在市场中的地位，并作为强大的压力集团使政府制定有利于农业生产和农民利益的政策和措施。

四是农业的工业化和综合化。农业工业化是农业制度在其方向与经营管理上对工业模式的一种适应。在这个过程中，一个以农工商一体化经营为特征的现代化农业生产体系已逐渐形成，这一体系通常由农业综合企业来掌握。农业综合企业主要从事农用物质、农业装备的加工和销售，粮食和其他农产品的加工、处理、批发和零售，以及农业生产本身。由于农业综合企业的发展，使农业生产变成了农民及相关的非农产业工作人员联合从事的事业，农业综合企业在美国雇用了全部劳动力的30%，使农业部门成为最大的企业部门。农民使用的机器、建筑材料、拖拉机燃料、肥料以及饲料都是从非农企业中购买来的。

2. 农业劳动生产率的提高导致了城乡差距的缩小

随着工业化和城市化进程的加快，大量的乡村劳动力流入城市，造成乡村人口的下降。[51]第一次世界大战结束到20世纪50年代，美国农村的非农产业（主要是制造业）还很不发达。据美国在20世纪20年代初对美国各州140个乡村的抽样调查显示，每村平均有4.6个企业，几乎半数企业平均雇用10个工人，且多为季节工。由于资本少、管理差，在竞争中经常破产。20世纪50年代初，农村中各种非农产业（制造业和第三产业）发展起来。同时，农业的产前产后服务业、农工一体化也迅速发展。这些使战后美国农村的社会经济结构发生巨大了变化。进入20世纪60年代后，农业转移劳动力在进入城市的同时，也越来越多地转向农村非农业就业。整个20世纪60年代，农村私人非农业就业岗位增加了1 450万，这个数字大大超过了同期农场人口净转移820万人的水平。美国农村中非农业就业的比重从1940年的26.7%上升为1970年的44.2%，同期农村中非农业人口的比重也由46.7%上升到82%。就是说，到1970年，非农业人口在农村中已占绝对优势。[52]

3. 农业部门和非农业部门的联系加强

农业和工业的联系在第二次世界大战前的农业机械化、电气化和化学化的过程中就已经很密切了。二战以来，农业和工业之间的联系比以往任何时候更密切了。"兼业农"的增加、农业综合企业的发展、垂直联合和契约农业的扩大、乡村地区被纳入中心组织，以及城市与乡村互动的增加，都表明了这种联系。[53]从美国来看，农业不仅是占人口4%的农民的事，而且也包括了占人口20%到30%的其他行业人员的工作。在过去，农业和乡村生活曾是同义语。在今天的发达国家中，农业和农村已不仅仅等同于乡村生活，农业正在成为一种产业，农民正式成为一种有吸引力的职业，农业和其他行业之间的区别正在消失。

4. 城市和农村的地域界限越来越模糊

工业和人口在城市过度的集中和积聚造成了生产和居住成本的上升，为了降低生产成本，摆脱贫民窟、犯罪、交通拥挤、空气污染及种族间紧张关系，获得更好的生活环境，工业和人口开始由城市向郊区和小城镇迁移，形成了城乡经济一体化过程中的一个新趋势，即"逆城市化"现象。城郊是居民社区，一般处于城界线之外，但又紧紧地依附于中心城市。每过一段时间，中心城市常向外扩展，而将城郊社区围起来，进而将之吸收。围绕着城市边界和城郊之外的区域，是既有农村用地又有城市用地的区域，农牧地与住宅建筑混在一起，城市与农村在此相交会，不再有城市与周围农村的明确分界线，而是一个区域与另一个区域相重合。高速公路的修建、汽车的普及和城市的郊区化，使城市变成了中心城市和包括外围若干城镇的城郊复合体。城市，尤其是大城市与周围地区的联系在空间上日趋广泛，在内容上日益复杂，使划分城乡界线增加了难度。

2.1.2 发展中国家城乡协调发展的演进

发展中国家以前大多是西欧发达国家的殖民地，经济与社会发展水平不高，人均收入大大低于发达国家。由于历史与现实的种种原因，这些国家的城乡关系与发达国家在工业革命早期的情形相类似，同时又具有一些新的特点。相同的地方是这些国家在工业化和现代化的过程中，工农之间、城乡之间的差别扩大了。在一些国家中，由于没有处理好工业和农业、城市和乡村之间的关系，不仅使经济发展受到影响，甚至带来严重的社会问题，导致城乡矛盾的激化。

2.1.2.1 第二次世界大战以前的城乡关系

在西方殖民者入侵前，亚洲、非洲和拉美、大洋洲的广大地区，仍处于农业社会甚至部落社会阶段。城市主要是作为政治、军事中心而存在的，尽管它也起到交换的作用。当时虽然出现了城乡差别，但差别并不明显。

随着殖民者的入侵，一些发展国家的港口城市往往由于出口贸易上的地位而发展成为首要城市，并成为行政管理中心和向发达国家输出原材料的中心。这种中心地位又使其吸引大量经济活动而畸形发展，并在相应国家的城市体系中占有支配地位。同时，为了弥补进口国外产品的亏空，上述地区逐渐发展为出口产品基地。开始基本上出口的全是农产品和矿产品，后来由于制造业的发展，部分产品实现进口替代并开始出口工业制成品。随着商品货币经济的发展，现代的、资本主义的或者说市场化的工业部门从传统的、维持生计的农业部门不断地吸收剩余劳动力而得以发展[54]，这就为发展中国家的工业化奠定了最初的基础。但是，由于港口城市发展所形成的这些"飞地"，并没有带动周边农村的发展，广大的农村仍处于贫穷状态。以印度为例，虽然在1914年以前，印度就拥有一个有组织的工业界，其中部分工厂属于印度本地资本家所有，而且还拥有铁路、港口、银行及其他现代经济的特征，但是其影响仍然局限于本地范围之内。从另一个角度来看，印度的这些客观因素并未开创一个真正的工业化过程，或者根本没有改变农业结构。虽然部分农业生产同市场密切相关，而且依靠土地的农业人口的比例日趋增长，但农业方面并无人口转移出来，某些先进工业的存在无助于提高人均收入或促进经济的增长。[55]

2.1.2.2 第二次世界大战至20世纪70年代的城乡关系

第二次世界大战以前，在政治上获得独立的发展中国家为数甚少。第二次世界大战后，一些原来的殖民地、半殖民地国家和附属国取得了民族独立，成为发展中国家。这些国家之间尽管存在着许多差异，但在经济上却都面临着一些共同的困难和问题，例如：人民生活贫困、人口压力沉重、失业或就业不足、人民的文化教育和技术水平低下、技术力量奇缺、产业结构落后、农业在国民经济中所占比重大、发展的资金短缺等问题。此时，政治上获得"解放"的发展中国家迫切地需要"第二次解放"，即促进经济的发展。

受"唯工业化思想"的影响，"二战"以来，在发展中国家几乎毫无例外地实施了旨在促进本国工业化发展的经济战略，其中包括不同国家先后实施的初级产品出口战略、进口替代工业化战略、出口导向工业化战略、优先发展重工业战略等。在工业化战略之下，发展中国家把发展资金的大部分用于发展城市工业部门，尤其是一两个大城市的资本密集型大企业。在以农业经济为主的发展中国家里，农业积累成了工业化初期原始资金积累最重要的来源，这也是世界各国工业化的共同特征之一。利用价格差积累机制使得发展中国家在低收入水平下长期保持了较高的积累率，为工业化筹措大量的资金，较大程度地推动了工业化进程。但是，价格差积累却导致农民收入水平十分低下，且负担不公平，农业投资少，发展相对缓慢，工农业比例失调。

但是，由于历史环境的变迁和发展条件的不同，发展中国家的城乡关系和发展道路又形成了一些不同于发达国家工业革命早期阶段的特点。主要表现为发展中国家的城镇化进程与经济发展相脱节。城乡工资的差别，使得过量的乡村人口盲目向城市，特别是大城市迁移，超过了国家经济发展所能承受的能力。斯里兰卡、巴基斯坦、印度等国在20世纪六七十年代就出现过总人口增长率超过农业产值的增长率、城镇人口的增长率超过工业产值的增长率等不正常现象。叙利亚1960—1968年城镇人口比重从26.4%增加到31.3%，而工业劳动力在总劳动力中的比重并未增加。当国家经济基础相当薄弱的时候，城镇化发展的失控会造成城镇人口的增加与就业机会不足以及农村人口减少与农业生产集约化水平下降之间的不相协调，从而影响经济发展。"城市病"也随之产生，城市中产生高的失业率，出现贫困、贫民窟、犯罪、社会动乱等问题。

2.1.2.3 20世纪70年代至今的城乡关系

在发展中国家寻求工业化和城市化发展的进程中，普遍采用了"重工抑农""牺牲农业发展工业"的经济发展战略。其目标就是经济增长，就是在经济上追赶发达国家。正如基思·格里芬所说的：传统工业化发展战略"直接关注的不是资源配置中的短期效率，而是国内生产总值增长率的加速"[56]。这种战略一方面导致了乡村更加贫穷和落后，另一方面，也使得大量的农村人口涌入城市，造成了发展中国家"过度的城市化"，带来了城乡之间"相互毒化的过程"。针对这些问题，西方发展经济学家在20世纪70年代提出了促进发展中国家经济和社会的全面发展的经济社会综合发展战略。经济社会综合发展战略以满足人的基本需求为核心内容，以消除贫困为发展目标，以制度和结构的改善为战略中心，有利于促进发展中国家经济和人民群众生活水平量的增长和质的提高。经济社会综合发展战略作为一个重要的思想，指导着发展中国家经济和社会发展的实践。70年代以来，一些发展中国家（如巴西、印度和泰国）开始注重城乡协调发展以缩小城乡差别，在实践上对城乡经济一体化进行了探索和尝试。

在经济社会综合发展战略的指导下，发展中国家开始重新认识到农业在国民经济中的地位和作用，以及农业与工业的关系，重新探寻发展农业的道路，在实践中逐步形成了以实现农业的商品化、工业化为目标，发展既具有支持工业发展的手段价值也具有提高农民生活水平的内在价值的农业工业化发展战略。印度对其经济发展的战略和政策的调整和改革，是1966年甘地政府上台以后开始的，特别是甘地1980年第二次上台以后。归结起来，这些变化是重视农业和粮食生产，特别是被称作"绿色革命"的农化技术革新，注重发挥小型工业和乡村工业的作用。从总体上来看，发展中国家农业工业化发展战略的特点在于通过土地关系的变革、加大农业的投入、改进农业生产技术等，提高农业的劳动生产率；通过提高农业劳动生产率，改善农民的生活条件，增强农民的技术、文化等方面的素质，改变农村的落后面貌。农业劳动生产率的提高，需要依靠政府对农业提供的各种支持和扶植政策，从发展中国家政府对农业所采取的支持和扶植政策来看，所涉及的面是很广泛的，包括农产品价格政策、税收政策、信贷政策、保护贸易政策等等。

总之，自20世纪70年代末以来许多国家和地区已认识到片面工业化战略的局限性，开始重视农业变革和乡村的综合开发，把城乡经济的协调发展和城乡经济一体化作为发展的目标和手段。在实践上，一些新型工业化国家和地区找到了符合本国本地区实际的发展道路。随着农村工业化和城市化的不断推进，这类国家和地区的农村得到了跨越式的发展，城乡差别迅速缩小，二元结构不断弱化。这种变化可以从农业劳动力占全部劳动力比重的下降这一侧面来反映。韩国自1962年开始实行第一个经济发展计划，这也就是工业化的开始。在整个工业化过程中，伴随着大量农村劳动力由农业转向非农产业，农业劳动力所占比重一直呈下降趋势，1963年农业就业人数为483.7万人，占总就业人数的63.1%，到1986年减少到366.2万人，所占比重降至23.6%。中国台湾地区1960年农业就业人数比例为50.2%，到1990年已降至12.9%。[57]但是由于种种原因，绝大多数发展中国家和地区的状况仍不理想。人口剧增、城乡失业，人口收入和生活水平下降仍是许多国家的严峻现实。这说明，改变农村的落后面貌，缩小城乡差距，实现城乡共同发展基础的工业化、城市化、现代化和城乡经济一体化，还是一个艰辛漫长的过程，尚需进行不断的探索和艰苦的努力。

2.1.3 国外城乡协调发展的经验

2.1.3.1 政府重视对农业的干预与支持

从发达国家和发展中国家城乡关系的演化过程可以看出，在工业化的初期阶段，工业的发展以牺牲农业为代价，而农业发展的滞后又制约了城市经济的进一步发展。这使政府逐渐地认识到农业在国民经济发展中的重要作用，并对农业和农村的发展提供了各种支持和扶植政策。

1. 工业"反哺"农业

各国在工业化发展到一定阶段后，普遍实行了工业"反哺"农业的政策，加大对农业的投入力度。日本在1960—1975年，用于农业机械化的投入由841亿日元增加到9 685亿日元，到70年代中期，农业生产已基本实现了从耕作、插秧到收获的全面机械化。德国从20世纪50年代起，联邦政府对落后的农业区，采取投资补贴、拨款、农产品价格支持、贷款担保及低息贷款等措施，加速农业现代化。1990年，日本、欧洲共同体、加拿大、美国等11个经济合作与发展组织（OECD）国家农业补贴的货币总值达到了1 760亿美元的天文数字，相当于每一名全职农民得到15 000美元的国家补贴。其中，大约75%的国家补贴为农业产品价格支持和保护，12%为支付给农民的直接现金补助。1985年非洲国家元首和政府首脑会议通过的《1986—1990年非洲经济复兴优先纲领》指出，"对农业的投资占总投资的20%~25%，这是比较理想的"[57]。有些国家在农村地区设立资金充分的"粮食生产贷款制度"，使农民能够得到条件比较优惠的贷款。

2. 加快土地改革的步伐

发达国家和发展中国家最初进行土地改革的目是不同的，发达国家土地改革的目的主要是促进土地的规模化经营，而发展中国家土地改革的目的则是调动农民的积极性。发达国家土地的规模化经营，主要是通过土地的集中、农业的机械化经营以及农业合作组织的发展来实现的。为发挥规模效益、诱导规模经营，发达国家政府采取了一系列的措施。英国政府制定了鼓励农场向大型化、规模化发展的法令，对愿意合并的小农场，可提供50%的所需费用。对愿意放弃经营农业的小农场主，可获得2 000英镑以下的补贴，或领取终生养老金。法国的法律规定了土地的"不可分割"原则，即农场主的土地不得由一个以上的子女继承。为了推进农业的机械化进程，发达国家政府高度重视农业教育、职业培训、开发、研究和技术援助在内的农业智力投资，并提供税收、信贷等方面的政策支持，使农民积极地采用先进的农业科学技术，在良种、农机、施肥等农业技术方面都达到了较高水平。发达国家的土地规模化经营离不开农业合作组织的发展，农业合作组织为农民提供农产品生产、加工、销售以及信贷、农资供应、咨询等方面的服务为其提供了一个综合性的社会服务网。它结构完善、法律完备、服务周到，在农业中发挥着个体农民和国家都不能替代的作用。

越来越多的发展中国家认识到，土地改革是其农业发展的第一个必要条件，并深深感受到土地改革比以往任何时候都更为迫切。因此，不少发展中国家政府采取各种形式调动农民的积极性，把土地的所有权或者是对土地的直接或间接控制权转交给那些实际在这些土地上从事耕作的人。古巴、埃塞俄比亚等把土地所有权转归那些实际上已经在这些土地上从事耕种的佃农所有，墨西哥、肯尼亚政府征收私人土地所有权并将这些土地重新分配给农民。这种土地分散经营的方式，在一定时期内调动了农民的经营积极性，促进了农业的发展。但在长期内却制约了土地的规模化和机械化经营，不利于发展中国家农业的发展。因此，许多政府已逐渐认识到土地适度规模经营的重要性，采取各种措施促进土地的合理流转、农业的机械化以及合作经济的发展。

3. 促进农村的工业化

农村工业化是城乡一体化的基础。各国在农村工业化上的政策主要体现在以下几个方面：一是设立组织机构。在英国，相应的政府管理机构是乡村发展委员会和乡村地区小工业委员会。为促进农村工业发展，乡村发展委员会在远离城镇的边远地区建立"农村发展区"。二是实施财政、信贷、税收等经济激励政策。法国以丰厚的"国家发展奖金""地方发展基金"鼓励大企业到农业地区办工厂，其口号是"你们的工业下放到叶绿素中来吧"。1966—1976年，享受"国家发展奖金"的企业共有4 405家，金额达33.29亿法郎，而在落后地区发放的"领土整治补助金"达30亿法郎。在韩国，在农村工业园区的每一个中小企业可获设备资金5亿韩元，周转资金2亿韩元。政府还对农村工业投资准备金的损耗给予追加补偿。在税收上，除对农村工业免征土地税外，对新建中小企业，头3年免征法人税和所得税，后2年税收减半。对从汉城、釜山等大城市迁入农村的企业减免让渡税。[57]三是实施提供技术及信息服务、教育培训等配套政策。在泰国专门建有"农村工业信息服务中心"。中心出版有大量的信息资料，并拥有完善的电讯网。他们所提供的信息主要有两大类：从企业家那里取得的信息，如原料及其他服务提供者的姓名、住址及资格以及来自政府的有关全国工业状况及趋势的资料。

2.1.3.2 城市化发展战略由集中逐渐走向分散

发达国家和发展中国家在继续实施支持农业和乡村发展政策的同时，仍调整了城市发展的政策，使城市化发展战略由集中逐渐走向分散。其主要方针是控制大城市的扩展，建立多极中心城市以及发展中小城市。政府优化城市空间结构的方式主要有三种，第一种形式是经济扩散，促使经济增长由中心地区（大城市）向欠发达的外围区域扩展。美国在20世纪50年代就提出了在郊区建设小城市（镇）的观点，使城市工业逐渐向郊区、城镇迁移，城市向外扩展。第二种形式是区域中心开发，以边远资源开发区或者以进行"绿色革命"的地区为依托，兴建新的城市，形成新的增长点。如法国政府建立了里昂、马赛、里尔、南特、波尔多等与巴黎相对应的"平衡大城市"，使它们成为地区经济中心，发挥地区首府的作用。这些"增长极点"有利于改变以巴黎为核心的区域格局，通过促进边缘地区城市的发展，推动了经济区域结构布局的均衡。第三种形式是在广大农村形成众多的增长点，发展小城镇。日本在1953年颁布了《町村合并促进法》，撤村并镇，促进了新城镇的产生，使全日本町村数从1950年的10 411个减少到1975年的3 257个，而城镇则从1950年的214个增加到1975年的641个。[57]

2.1.3.3 重视交通等基础设施建设

交通建设对经济发展的影响，主要表现在开拓和扩大国内外市场，密切市场之间的联系；促进国内地区之间的专业分工，合理有效地利用各地的资源，发挥资源区位优势，发展新型特色经济。如果没有一个高效、廉价的国内运输系统，各个地区之间的经济合作就无法进行。城市的发展、小城镇的建设，加强城乡联系、缩小城乡差距，都离不开交通建设。交通建设是一个地区、一个国家经济发展中一个非常有效、积极、主动的推动力量。所以，各国政府都很重视对公路、铁路、港口等的投入。例如，德国不仅重视大中城市间的铁路、高速公路相通，而且十分重视城乡间公路的连接，特别是近年来，认为提升城乡交通层次是推进城乡一体化的重要途径。日本在进入工业化的中后期，则由中央和地方政府通过财政拨款、贷款等形式，强化城乡道路建设，加强城乡联系。在农村基础设施方面，各国普遍采取公共财政支出、低息贷款、发行债券等形式加大对农村道路、水利、农民住房、自来水等基础设施的投入力度，一方面改善了农业生产和农民生活条件，另一方面又使农民收入增加，有利于缩小城乡差距。韩国"新村运动"初期的主要任务就是改善农村公路、改善住房条件、改善农村水电设施、增加农民收入、兴建村民会馆等。新村运动初期，政府把工作重点放在改善生活环境等基础设施建设上，通过一系列工程建设，改变了农村面貌。

2.1.4 国外城乡协调发展的启示与借鉴

从国外城乡关系的演化过程可以看出，不论是发达国家还是发展中国家，其城乡关系都经历了由差距很小到逐渐扩大，以至于影响到经济的发展，进而政府采取政策措施使其缩小的过程。虽然这种国家政策在经济发展的不同历史阶段，有其不同的内容和重点；在各不同国家的特定环境中，有其特殊性，但大凡成功的政策措施，都是把立足点真正放在缩小城乡差别，协调城乡经济关系上的。根据我国的实际情况，有一些东西是值得我们借鉴的。

2.1.4.1 必须处理好工业化、城市化与农业、农村的关系

农业的现代化是实现工业化和城市化可持续发展的基础，农业发展与工业化和城市化是相互促进的，而不是此消彼长的零和博弈。在工业化和城市化的过程中，农业具有重要的地位和作用。农业为工业和城市的发展提供"原始积累"所需要的大量剩余，提供食物，提供建设用地，提供廉价的劳动力，提供充足的原料和销售市场。如果农业基础薄弱（包括技术水平和经济关系），一味推进工业化和城市化，势必导致大部分农村地区越来越边缘化，农业投资下降，各项基础设施不足。农民收入水平的下降，必然导致对城市工业品和消费品的购买力不足，城市工业的发展受到农村发展滞后的制约。当农民在农村没有出路的时候，唯一的选择就是进城。但由于城市不能提供更多的就业机会，城市贫困、失业、犯罪、环境恶化等问题不可避免地爆发了。大多数发展中国家在20世纪50—60年代的

政策失误，就是一个教训。因此，工业现代化和城市现代化的推进速度要与农业现代化、农村经济发展相适应，并能够反过来带动和促进后者的发展。

我国是发展中国家，农业人口占总人口的绝大部分，农业是国民经济的主要部门。因此，大力发展农业和农村经济，努力提高农民的收入水平，改善他们的生活条件，减轻直至消除城乡经济社会不均等的现象，乃是扩大内需，推进工业化和城市化进程的一项根本措施。

2.1.4.2 充分发挥市场和政府在资源配置中的作用

在城乡关系的调节过程中，市场是资源配置的主体。我国是一个农业大国，农村人口占绝大多数，农业的基础条件很差，农村发展还比较落后。虽然改革开放多年，市场观念和商品意识已经在我国农村渗透与深入，农产品市场和农村要素市场已开始培育和发展，但不能否认，农业和农村在很大程度上还存在着自然经济和计划经济的痕迹。如果农业、农村不进行全面的市场化改革，在全国建立完善的市场经济体系的目标将会落空。因此，要调整城乡关系，促进城乡发展，要面向市场，依靠科技，城乡交流，积极参与国际分工，加快农业市场化和农村市场化进程。

由于市场经济的缺陷和农业本身的弱质性，在市场经济条件下，加强政府宏观管理是保持农业持续发展的重要条件。国家在处理城乡经济关系问题上，应把政策立足点放在创造城乡经济机会均等的条件上。除了改善工农贸易条件，缩小工农业产品价格剪刀差，发展乡村工业和第三产业，吸收农村就业；促进农业技术进步，推广农业科研成果，普及农村教育；调整农业投资和信贷政策外，还要着重致力于乡村土地改革，改善农业经济结构，在乡村发展现代市场经济。

2.1.4.3 统筹规划城乡经济发展

协调城乡经济关系要处理好城市发展和城市布局的问题。因为城乡经济关系在很大程度上与区域经济发展有关，区域经济发展不平衡往往会导致城乡差别扩大。因此，国外一些国家都特别重视区域经济发展的均衡性，强调在农村地区发展中小城镇，形成以大城市为辐射中心，中小城市合理布局的经济网络。为此，不少国家的政府都统筹规划城乡经济的发展，以形成城乡经济一体化的增长区。

我国改革开放以来，城市化的进程大大加快，尤其是中小城市的发展十分迅速，这对于改变乡村地区经济落后的面貌有重大作用。随着乡村经济的发展，特别在乡镇企业较发达的江浙地区，要求改善基础设施和生活设施条件的呼声很强烈。但过去，由于缺少统筹规划，往往是以村为单位大搞"村庄里的都市"，修路、发电、搞自来水和闭路电机等。这种各自为政、极小规模的"农村城镇化"，将造成巨大的浪费和混乱。因此，我们要认真借鉴国外的经验，统筹规划城乡经济发展，有计划地选择和发展有一定规模经济的中小城镇。在此过程中，要把分散的乡村企业适当地集中起来，实行人口迁移，有计划地推进农村城镇化。

2.2 中国城镇化进程中城乡协调的演进与现状

2.2.1 中国城乡协调发展历史的演变

2.2.1.1 传统中国社会的城乡关系

所谓的传统中国社会，系指自秦统一后至鸦片战争，长达两千余年的历史阶段。传统中国社会是建立在农耕文明基础之上的城乡一体的结构模式，由于自然经济占统治地位，城乡社会分工非常落后，马克思在《政治经济学批判（1857—1858年手稿）》中指出，"亚细亚的历史是城市和乡村无差别的统一"[58]，正是反映了城乡经济的同一性以及社会分工的落后性。古代中国城乡关系的一致性，主要体现在以下几个方面。经济上，城市和乡村共同建立在农耕文明自然经济基础上，城市工商业发展十分缓慢，主要依靠乡村为城市提供生活所需物品，具有典型的农业时代城市特征；政治上，城市是各地方行政中心所在地，乡村则是从属于城市权力系统的基层单位；文化上，城乡士绅学习同样经书典籍，共同通过科举考试获取功名，城市文化作为儒家文化传播、辐射中心，深深扎根于乡村社会。在城乡人口上，简单的城市社会分工和较高的生活消费致使城市对乡村人口缺乏有效吸引力，城乡人口比例长期稳定不变。

传统的中国社会被称为"农业社会"，具体表现在以下三个方面：首先，农业是社会经济的基础；农民占全国人口的绝大多数。这是"宏观结构"的基本面。其次，以农业与副业、手工业的密切结合为内容的农民家庭经济是农村经济的微观构成，也是全部经济的微观基础。最后，农民家庭是生产经营和生活消费的统一体。在传统的农业社会里，乡村是社会经济活动中心，"耕作居于支配地位"，整个社会呈现出浓郁的"乡土特色"。"从事农业的居民自己进行农产品的加工，几乎没有交换和分工。"[59]

2.2.1.2 近代中国社会的城乡关系

19世纪中后期，随着西方列强侵略导入的资本主义生产方式在中国逐渐扩张，中国出现了近代工业及以近代工商业为主的近代城市。新生产方式的出现，导致了农村自给自足自然经济的逐步解体，城乡间"无差别的统一"关系日益明显地向"对立统一"关系转变，城乡之间以"对立统一"为特征的"二重性"关系成为近代中国城乡关系的主要特征。[60]这里的"统一"指的是随着城市工商业的发展，城市经济对农村辐射和聚集功能增强，导致城市与乡村间的经济联系日益加强。这里的"对立"指的是，在城市日益发展的过程中，凭借其对农村发展的支配地位，以价格、利息、地租、赋税等手段剥削广大农民的关系。

19世纪40年代至60年代，西方列强在中国开设的十几个主要通商口岸，如广州、厦门、上海、宁波、天津、牛庄、汉口、烟台等，在开埠之前商业均已有相当程度的发展，它们或者是中央一级的税关所在地，或者是地区性的商业中心。在西方列强介入后，不仅阻碍了中国民族工商业的发展，而且对中国的农业经济也造成了严重破坏。但同时客观上又刺激这些地方的经济得到了进一步的发展，成为重要的商品集散地和贸易中心。贸易的发展加速了城市周边乡村自然经济的解体和商品经济的发展，使原来城乡潜在的市场要素和能量得到不同程度的开掘、催化与释放，两者的联系日益加强。

但是，中国的"现代化"是在极为不利的经济政治社会环境下进行的，经济发展面临着资金、市场、原料、能源等条件的制约，近代中国的基本状况是，虽然出现新式工商业和生产型工业城市，但它们在国民经济中的比重仍然十分弱小，在长达近110年的历史进程中，中国的城市化率只有5.5个百分点的增长。[61]从整体上看，它们毫无疑问地仍处于汪洋大海的农村经济的包围之中，新型城市工业对全国经济的拉动作用十分有限。在外部条件受限的情况下，城市为了自身的发展，必然在经济上剥削乡村，在政治上统治乡村。城市浓厚的殖民地性和封建性就使城乡对立的性质体现为帝国主义和封建买办势力对广大农民的剥削关系。城市一方面延续并强化了地租、赋税、商业高利贷等传统手段,另一方面利用工农产品剪刀差剥削广大农民。近代以来,资金不断向城市尤其是大城市集中,到20世纪20—30年代达到高潮。资金都市化造成农村金融枯竭、农业再生产条件恶化、农村高利贷猖獗、农村购买力低落等严重后果。农村的落后和城市的繁荣形成了鲜明的对比,城乡在社会服务、教育卫生、生活水平、收入水平等方面的差距越来越大。

2.2.1.3 新中国成立以后的城乡关系

新中国成立之后,城乡关系随着国家社会经济结构的不断调整、发生了明显的、跳跃性变化,具体来讲、大体经历了四个较为明显的演变过程。第一个发展阶段是1949—1957年的新中国成立初期,城乡关系总体上沿着协调的方向发展,城乡之间呈现出一种自由、开放、对流的状态。第二个发展阶段是1958—1978年社会主义建设探索时期,城乡关系经历重大波折后发生逆转,并在曲折发展中形成僵化的城乡二元格局。第三个发展阶段是1978—1988年改革开放前期,城乡隔离局面被打破,城乡关系呈现良好的发展态势。第四个发展阶段是1988年以后,我国城乡关系出现不协调因素,城乡差距日益扩大,城乡关系陷入新的失衡状态。

1. 1949—1957年新中国成立初期的城乡关系

新中国成立初期,党和国家领导人试图改变近代中国形成的城乡之间对立分裂的关系,营造一种新的城乡关系。新中国成立前夕,毛泽东同志就强调:"城乡必须兼顾,必须使城市工作和乡村工作,使工人和农民,使工业和农业,紧密地联系起来,决不可以丢掉乡村,仅顾城市。如果这样想,那是完全错误的。"[62]

在这种思想的指导下,中央政府采取了土地改革、提高农产品价格、加快工业化和城市化步伐、完善基础设施建设等一系列措施,加强城乡经济联系,缩小城乡之间的差距。在解放初期改变了几千年来城市全面控制农村的畸形局面,旧中国的城乡关系逐步向社会主义城乡关系转变,并呈现出崭新的面貌。这一时期城乡关系是开放的,城乡之间的生产要素流动是比较自由的,而且呈现出城乡对流的状态。

2. 1958—1978年社会主义建设探索时期的城乡关系

新中国成立的第一个"一五计划",加速了工业化的进程,开始推行重工业化的发展战略。选择重工业化的发展战略,产生了两个矛盾,一是重工业的资本密集型特征与当时资本稀缺状况的矛盾,二是重工业发展要求的很强的资源动员能力与当时要素市场十分不发达的状况的矛盾。为了在资本稀缺的资源要素禀赋下发展重工业,需要压低投入成本(包括劳动力成本以及食品成本)。因此,政府垄断了农产品的流通,实行压低收购和销售农产品的政策。在这种统购统销的政策下,为了防止农业中生产要素的流失,又实行了农业生产的集体化。而对于最为活跃的生产要素——劳动力,则通过户籍制度进一步限制其流动。[63]之后,随着劳动就业制度、社会保障制度、住宅制度、教育制度等一系列与户籍制度、粮食制度相匹配的制度的建立和完善,最终形成了城乡二元社会结构,使城乡隔绝状态得以制度化、固化。1978年,全国有2.5亿农民难以实现温饱,城乡收入差距为2.57∶1。[64]

我国的城乡二元社会结构虽然与新中国成立初期重工业化战略的选择相关联,但却不是工业化进程的必然产物,而是一系列阻碍农村劳动力流动的制度安排共同发生作用的结果。这种制度化的城乡隔绝关系虽然在一定程度上有利于资本积累,促进了我国工业化的发展。但是,更多地表现为一种负功能,制约着中国社会经济发展。

3. 1978—1988改革开放前期的城乡关系

20世纪70年代末,"文化大革命"结束之后,全社会形成了寻求变革突破旧体制的环境。改变首先从最薄弱的农村开始,农村改革与发展迈出了三大步,第一步是家庭承包经营,第二步是乡镇企业发展,第三步是小城镇建设,以家庭承包经营为开端的农村非农化和以乡镇企业为标志的农村工业化带来了农村城镇化的发展,改变了城市和乡村的关系。从图2-1可以看出,虽然1985年以后我国农业生产增长率减缓,城乡名义收入差距从1984年开始攀升。但是,从经过价格调整后的实际收入来看,城乡收入差距在1988年以前一直在不断缩小,城乡收入比由1978年的2.57∶1下降为1988年的1.51∶1。

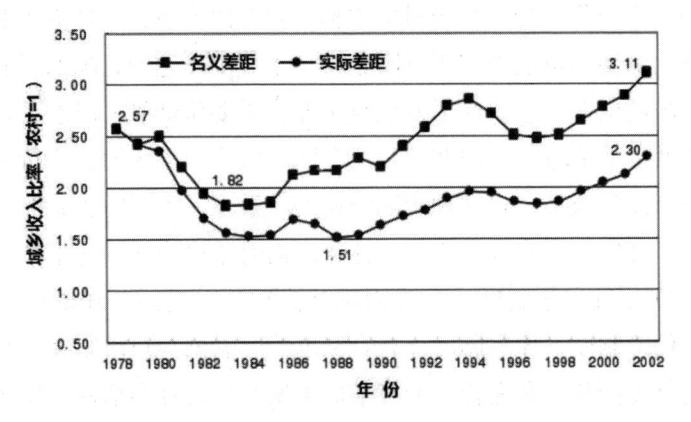

图2-1　城乡实际和名义收入差距变化

数据来源：《中国统计年鉴2003》。

4. 1988—2012年的城乡关系

20世纪80年代末，改革重心向城市转移，城市改革步伐明显加快。同时，我国农村改革所释放的能力已经发挥得差不多了，城乡之间的差距日益扩大，城乡关系出现不协调。虽然进入21世纪以来，特别是2002年中共十六大召开以来，伴随着深入贯彻落实"以人为本"的科学发展观和构建社会主义和谐社会的实践，中国进入了一个调整城乡关系的全面改革阶段。随着城乡经济体制的改革和市场经济的发展，城乡分割和隔离的体制逐渐被打破，城乡之间劳动、人口、资本、人才和技术的流动日益增多，城乡商品流通关系和市场结构不断发生变化，城乡经济发展出现某种融合的态势。特别是在一些发达地区，城市和乡村的界限越来越模糊。但是，从总体上看，我国城乡之间的收入差距不但没有缩小，反而有进一步扩大的趋势。国家统计局对近年城乡收入比的调查报告显示，1978年，我国城乡收入比是2.39，到1995年扩大至2.71，2002增加到3.31，2002—2012年，我国城乡收入比一直在3以上。

另外，由于我国在改革开放初期，实行了鼓励中小城市和小城镇发展的战略，造成小城镇开发过多，点多面广的小城镇已滋生了大量的"农村病"，不仅大量占用稀缺的土地资源，而且增大了城市化发展的成本。针对城镇化发展偏差，政府不断调整"城镇化"发展思路，调整优化城镇化发展格局。党的十六大报告提出了"坚持大中小城市和小城镇协调发展，走中国特色的城镇化道路"。据《中国统计年鉴2001》从1990年到2000年间，我国城市人口比重由26.23%上升至36.09%，城市化进程大大加快。

5. 党的十八大以来的城乡关系

新时代的城乡关系发展更强调农村的功能和主动定位，强调经济增长和城乡融合发展共同推进。党的十八大以来，中央从国家经济社会发展的角度出发，坚持全面深入推进以人为核心的新型城镇化发展模式。2014年，中共中央发布了《国家新型城镇化规划（2014—2020年）》，着力解决早期城乡发展过程中的历史遗留问题。2018年，中央发布文件提出"工农互促、城乡互补、全面融合、共同繁荣"，标志着新型工农城乡关系的历史新进程。这一时期的相关政策包括放宽户籍限制，推进农村人口有序向城市转移；实施乡村振兴发展战略，建立现代农业产业体系，推进农业农村现代化，促进农村三产融合发展；建立健全城乡融合发展体制机制；完善公共服务和社会保障体系，尤其是教育、医疗、养老等重大民生相关领域等。总体来看，新时期城乡全面融合发展带动了城乡经济的高速增长。

党的十八大以来，党中央高度重视新型城镇化工作，明确提出以人为核心、以提高质量为导向的新型城镇化战略，为新型城镇化工作指明了方向、提供了基本遵循，推动我国城镇化进入提质增效新阶段，取得了历史性成就。城镇化水平稳步提高，发展活力不断释放，服务功能持续完善，人居环境更加优美，城市发展质量稳步提升。在城镇化战略的指导下，全国范围内已初步形成以大城市为中心，中小城市为骨干，以小城镇为基础的多层次的城镇居民点体系。中国这种多层次遍及全国的城镇居民点体系，为区域的平衡发展、区域市场的形成、生产力与人口的合理分布创造了一个良好的地理、社会和经济环境。但是，在现实生活中，国内某些地区还存在着多种制约城乡交流和区际交流的因素，包括水、电、路等基础设施建设的滞后、区域之间的条块分割、城乡间的各种制度壁垒等，这些因素制约了城乡之间的要素流动，不利于缩小城乡之间的差距。

2.2.2 中国城乡协调发展的经验与启示

城乡间的关系是一个不断变化的过程，它是政府的政策选择、制度安排、经济发展水平、工业化和城镇化等因素共同作用的结果。回顾中国城乡协调发展的历程，我们可以归纳总结出若干成功的经验，并对今后中国城乡关系的协调发展提供启示。

1. 政府要审慎地做出城乡发展的战略选择以及相关的制度安排

由城乡关系的演变过程可知，造成我国的城乡经济和社会关系不协调的直接原因是新中国初期政府的"城市偏向"战略以及城乡隔绝的制度安排。政府的政策选择以及配套的制度安排在相互作用的过程中形成了纵向历时性关联、横向共时关联和纵横交错三种不同的制度网络形式，制度网络中的各项独立制度相互联结、互相牵制，形成了稳定的结构形态。制度的网络性，以及现行制度安排受益者的阻挠，加大了制度变迁的成本，使制度具有很强的路径依赖性特征，在较长的时期内存在并起作用。这就是为什么"城市偏向"的战略以及城乡隔绝的户籍制度、土地制度、社会保障制度、教育制度、劳动就业制度，长期内得不到打破和超越，一直阻碍城乡之间的要素流动，进而造成城乡差距不断扩大的原因。正是因为政府的政策选择和制度安排具有路径依赖性，所以政府在做出选择时，一定要慎重，不仅要考虑到当时的政治、社会和经济条件，还要考虑到此选择对将来有可能造成的影响。在做出制度安排时，要尽量为其预留调整的空间，防止进入"闭锁状态"的制度困境。

2. 要坚持制度的自发演化和制度设计相结合

作为改革的当事人和受益者，人民群众在制度创新中具有比政府更强烈的动机，更多的信息、智慧和能力。成功的制度创新往往是由人民群众发起的，多是自下而上的制度自然演化的结果。而政府需要做的则是解放思想，为制度创新创造良好的政策环境。承认有效的制度安排，在自发演化的基础上进行更好的制度设计，并在其他地方予以推广。例如，包产到户到包干到户这些符合中国国情的农业经营制度形式，都是农民自发创造的；前所未有的劳动力流动是农民自己走出来的；而在新农村建设中的许多做法，发明权也属于农民。可以说，以农民作为主角的农村改革，从其步骤、内容和效果来看，都是对于诱致性制度变迁理论的完美印证和检验。

3. 改革必须坚持步骤上的渐进性和内容上的深化性

诸如中国农村改革这样不触及城乡利益格局的一连串制度变革，可能具有"帕累托改进"的空间，在改革的过程中不会遇到很强的阻力。但是，这类改革在一定的时期和阶段是有限的，大多数的改革都属于"卡尔多-希克斯改进"，在改革使某些群体的利益增加的同时，必然损害另一部分既得利益团体的利益。在改革的过程中如果遇到强烈的反对和抵制的风险，政府应该有足够的耐心，对改革需要的条件、可能创造出来的收益以及对受损利益集团实施补偿的可操作性进行充分的论证，做好改革的前期准备工作。一旦改革的时机成熟，政府要不遗余力地推进和深化改革，防止由于改革的不深入而造成的恶性路径依赖。

2.3 本章小结

本章主要回顾了国内外城乡协调发展的演变过程，通过国内外城乡协调发展历程的分析，归纳总结出若干成功的经验，有助于把握城乡关系变化的基本规律，为中国以后城乡关系的协调提供可以借鉴的经验和教训。

3 城镇化进程中城乡协调"闭锁状态"的形成机理

城乡之间的协调发展，受自然、政治、经济、社会、文化等多种因素的影响。从时间上来划分，可以分为历史因素和现实因素，从空间上来划分，可以分为国际因素、国内因素以及区域因素。这些因素相互交织在一起，共同作用，使不同国家之间和区域之间的城乡关系呈现出不同的形态。我国的城乡协调闭锁状态是在战争、自然灾害等随机因素的作用下，通过路径依赖机制不断强化的结果。

3.1 城乡协调发展的影响因素

3.1.1 历史因素和现实因素

城乡之间的协调发展，不仅受现实因素的影响，还受历史因素的影响，具有强烈的路径依赖性质。过去所发生的随机事件以及过去事件所导致的状态会对当前的城乡关系产生重大影响，和现实的因素一起导致了当前的结果性状态。这意味着，如果城乡演进过程中，存在两种不同的历史事件，$\{t_1\}$ 和 $\{t_1'\}$，相应的发展路径为 $\{X_n\}$ 和 $\{X_n'\}$，则当 $n\to\infty$ 的时候，$\left|\{X_n\}-\{X_n'\}\right|\to 0$ 的概率不为1，即城乡关系的演化是路径依赖的。[65]一旦偶然性的某一方案被采纳，收益递增机制会阻止它受到外部因素的干扰或被其他方案所代替，即使现有的路径和潜在可选择的路径相比是无效率的，但是由于逆转成本非常高，初始路径的选择往往具有很强的不可逆性，从而导致陷入闭锁状态的路径有可能非最优。

历史因素造成城乡关系形成路径依赖的原因是多种多样的。路径依赖可能是由技术上的原因引起的，也可能由制度上的原因引起的。城市工业部门和农村农业部门所采用的初始技术，可能会在固定成本、学习效应、协调效应和适应性预期等收益递增机制的作用下，不断地进行自我强化，进入"良性的循环"或"低水平循环的陷阱"。[66][67]而由于随机因素，比如战争、气候变化、瘟疫等外部偶然性事件所引发的短期制度安排，可能相互交织在一起，形成纵横交错的制度矩阵，各种制度相互依赖产生复杂的网络效应。更为重要的是，既有制度安排的实施往往会形成一些既得利益集团，这些利益集团对资源的支配权以及对各种政治利益集团的游说力，是远远强于其他利益集团的。占统治地位的集团会利用支配资源的能力竭力维护现有制度，并反对各种企图进行制度路径替代的颠覆活动。从而使本来短期性的社会制度安排长期处于均衡状态或陷入非绩效的闭锁状态。

路径依赖绝对不仅仅是指初始格局决定最终命运，中间不再产生任何变化，在现实影响城乡关系的因素中，不仅仅存在使初始状态不断被强化的因素，还存在那些试图使城乡关系脱离原来的路径，从而进入新的发展路径的因素。这些因素有可能是随机因素，也有可能是人为的因素，在摆脱路径依赖的过程中，政府干预和一致性行动是非常重要的。[68]然而，城乡关系到底能不能摆脱旧有的路径，被新的路径所取代，主要取决于两种力量的对比，如果那些造成城乡关系正反馈的因素力量强于造成城乡关系负反馈的因素，那么旧有的路径将会得到进一步的强化，反之，这会出现松动，有被新路径取代的可能性。因此，历史因素和现实因素一起共同决定了城乡关系未来的演化方向，我们不能忽视初始状态格局对城乡关系的影响，也不能放弃利用现实因素改造旧有的城乡关系，塑造新的城乡关系的努力。

3.1.2 国际、国内因素以及区域因素

3.1.2.1 国际因素

城乡关系不仅受到国内和区域因素的影响，还受到国际关系的影响，国际关系包括国与国之间政治、经济、军事、法律、文化以及其他方面的关系。一个国家的国际关系越和谐，受到的政治和军事威胁越小，和其他国家的经济、法律和文化交流越多，产品和要素在国与国之间的流动也就越频繁。对于大多数的发展中国家而言，在建国初期，都面临着劳动力充裕，而资金短缺的情况，那些意识形态和发达国家比较接近，国际关系良

好的国家，更容易从国外获得贷款进行本国的工业化和城市化建设，并积极地按照要素禀赋理论参与国际分工，生产并出口劳动密集型的轻工业产品。因此，这些国家的工业化往往是从轻工业开始的，工业生产吸纳了农村大量的就业，城乡之间的差距不会很大。相反，那些在建国初期意识形态和发达国家差距较大的国家，往往面临着发达国家的军事威胁，产品封锁等，不得已地走上资本密集型的重工业化道路。但是，由于国内资金短缺，只有依靠对农业的剥夺进行工业化和城市化建设，同时，由于重工业对劳动力的吸纳有限，造成农业劳动力大量过剩，农民收入增长缓慢，城乡差距扩大。

在目前国际形势趋于好转，全球经济一体化趋势越来越明显的情况下，大多数国家的城镇，尤其是大城市和国际间的交往越来越密切，而和国内经济的联系，尤其是和乡村的联系则越来越弱化，使城乡差距有进一步扩大的趋势。

3.1.2.2 政府的经济政策和政治制度

政府的经济政策和政治制度是影响经济发展和城乡关系的一个重要变量。如果制度矩阵能够对私人生产产生激励，并有利于促进城乡之间的要素流动，那么城乡之间就会形成相互依赖、相互融合的可持续经济发展模式。相反，如果制度矩阵不能对私人生产产生有效的激励，或以阻碍城乡之间的产品和要素流动为目的，那么城乡的经济发展速度就会受到抑制，城乡之间可能会形成日益分离的格局。这是因为单个的个人和组织根据制度调整其行为，而制度一经创立，就有很强的正反馈和报酬递增的特性，很难发生改变。因此，政府在做任何一项改革决策的时候，都要详细地评估其后果。不仅要评估其直接的影响，而且还要预见到其可能带来的长远影响。在进行了初始路径选择以后，要密切观察，及早发现错误的路径选择，随时准备改变错误的初始路径选择，避免改革过程在错误的发展路径上陷得过深，造成较高的路径替代成本。[69]

3.1.2.3 区域因素

影响城乡协调的区域因素可以从社会经济关系和生活居住环境两方面来看。社会经济关系包括社会文化和经济联系、农业经济结构和农村的生产体制，生活居住环境也大致包括自然环境和资源基础、人工环境、空间系统及其联系。[3]每一部分又都可以进行进一步的细分，如表3-1所示。城乡的协调发展，是在国际因素和政府的经济政策、政治制度的约束下，各种区域因素共同作用的结果。城乡之间具有不同的社会经济关系，政府在制定政策时必须考虑到城乡之间既有的绝对和相对收入差距与城乡之间的社会资源（包括教育、医疗、基础设施等）分配的严重不均衡，否则，一些旨在促进城市化发展，加快农村劳动力转移的政策不仅不能缩小城乡差距，反而会使城乡差距有进一步扩大的趋势。城乡之间的基础设施状况也是影响城乡协调发展的一个重要因素。那些具有更好农业灌溉、排水设施的地方，农业的产量和商品化程度较高，农民也比较富裕。区域的交通网络对城乡间人口、货物和服务的流动具有深远的影响，电力设施、通信服务和其他基础设施的完善有助于加快城乡之间的产品市场、劳动力市场的发展，转变城乡联系的性质、规模和强度。另外，城乡的协调发展还受到城镇网络、交通网络和信息网络等空间系统共同作用的影响。布局合理的城镇体系、便利的交通和信息网络能够降低城镇之间的交易成本，加快城乡间的经济、社会和生态合作。

表3-1　影响城乡协调发展的区域因素

社会文化和经济联系	自然环境和资源
•基本的贫困标准 •收入和资产分配的不平等程度 •失去土地的、被边缘化的农民所占的比例 •不同收入和性别的群体所掌握的基本技能 •不同收入阶层可以获得的基本社会服务 **农村经济结构** **产业结构** •第一产业：农业、林业、渔业、采矿业等 •第二产业：农业加工业、制造业等 •第三产业：旅游业、商业、服务业 **上下游的乘数效应** •区域的生产投入 •加工业/农用工业 •商业销售、生产服务，消费服务 **劳动分工** •参与和相互依赖的程度 •不同部门、职业和身份的分工 **农村的生产体制** **土地分配和财产制度** •小农户所占的比例 •农业综合企业：种植、契约农业 **生产组织制度**（例如合作社）	**环境** •植物群和动物群的组成和多样性 •生态的一体性 •遭遇自然灾害的脆弱性 **资源基础** •土壤质量和受侵蚀程度 •水资源 •森林和矿藏保有量 **人工环境** •农业（灌溉、排水、储藏） •农村（道路、桥梁、电力、水供给、通信、住房） •城镇（城乡道路、市场服务中心、供排水设施、电力、通信） •区域（交通干线、通信、市场服务中心） **空间系统及其联系** •农村的人口密度 •城镇化水平和城镇系统的复杂性（城镇的数量，货运量） •乡村内部以及城乡间的可达性（道路的质量以及公共交通的发车频率） •通信联系 •区域内部或区域间人口循环迁移的情况

3.2 中国城乡协调发展的困境

3.2.1 城乡之间的联系与相互依赖

城市和乡村是两个既相互区别，又相互联系、相互依赖的整体。城市从农村的发展中分离出来，城市的发展不能脱离农村的发展。而农村的发展又需要城市经济的带动，城市的发展反过来又可以促进农村的发展。因此，城与乡不可分割，城与乡同等重要。城市和农村之间具有很强的相互吸引力，生活在农村的人们追求城市的现代性、多样性、便利性，而生活在城市的人们则向往农村优美的自然环境、良好的教育环境及田园诗意。[70]

随着各国工业化和城市化进程的加快，农业在国民经济中的份额虽然有了下降的趋势，但是，农业在国民经济中的作用非但没有削弱，反而被赋予了更多功能的要求，岸根卓郎把现代农业的功能分为经济功能和公益功能。印度经济学家苏布拉塔·加塔克根据库兹涅茨的分析做出了归纳，认为农业的经济功能主要包括以下四个方面[71]：一是非农业部门的扩大强烈地依赖于本国的农业，不仅要求保持粮食等基本农产品的持续增长，而且要求得到用于制造、纺织品等工业产品的原料，即农业的产品贡献。二是农业和农业人口是构成本国工业品国内市场的重要组成部分。这种市场贡献不仅包括生产资料市场，也包括消费资料市场。三是农业在经济中的相对重要性不可避免地会随着经济增长而降低。从长期发展过程来看，资本和劳动力从农业向非农业转移，资本、劳动力等要素的转移构成了农业对国民经济的重要贡献。四是通过国家的出口收入或增大农业进口替代品的生产，国内农业可以对平衡海外支付做出贡献，即农业可以为国家提供外汇贡献。[72]除了经济方面的功能外，农业还具有社会、生态和环境等方面的功能，被称为农业的公益功能。20世纪80年代后，日本学者岸根卓郎提出"自然-空间-人类系统"的分析框架，以城乡融合方式搭建城市人与自然的交流场所。[73]

城镇作为农村和外界进行物质、信息交换的重要节点，在农村经济的发展中具有重要的作用。首先，城镇是农产品最大的购买方。农民生产出来的粮食，除了留有自己消费和再生产的份额之外，剩下的都要到城镇市场上销售，一部分为城镇的最终消费者购买，另一部分为农产品加工企业购买。其次，城镇是工业品和消费品的生产场所。城镇是企业的积聚地，农药、化肥、种子等农业投入品，钢铁、水泥、机器设备等建设投资品，汽车、电视、冰箱等耐用消费品和衣服、鞋子、食品等非耐用消费品，大部分都是在城镇生产制造的。最后，城镇是农民获取产品、服务、信息的市场和销售中心。农民在城镇的产品市场上销售农产品，同时购买化肥、农药等生产投入品，以及其他生活用品。农民可以在城镇劳动力市场上提供劳务，为工厂所雇佣，或者进行兼业化经营，获取非农化收入。同时，农民又可以在城镇市场上购买到需要的服务，包括生产服务和生活服务，私人服务和公共服务。[3]

从以上对城市功能和农村功能的分析可以看出，城镇和农村是一个相互联系的整体，城乡之间的关联主要体现在城乡之间的商品流动、人口的流动、资金的流动、信息和技术的流动和自然的流动上，如图3-1所示。更详细的分解可以通过表3-2看到。城市和农村发展的相互依赖性决定了我们在制定发展政策时，决不能一味偏颇某一方，而忽视另一方，一个综合考虑城市和农村，工业和农业的发展政策才是良性的、可持续的。否则，则会使城市和农村经济陷入恶性循环陷阱，损害城市和农村的共同发展。

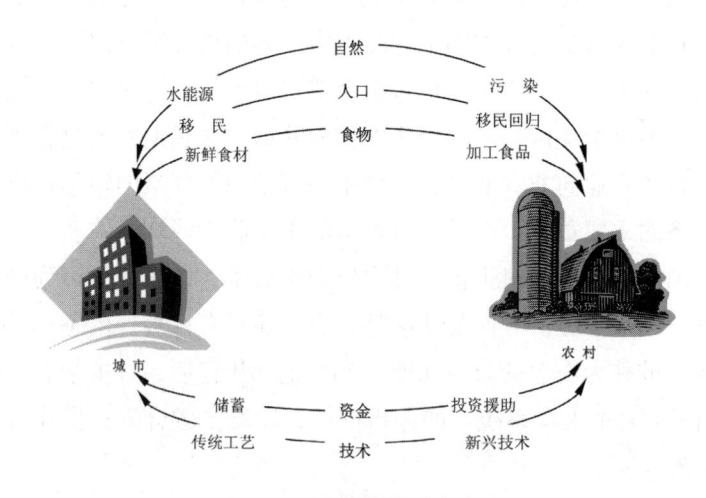

图3-1 城乡的关联示意图

表3-2 城乡之间的联系与相互依赖

城镇	↔	农村
•农产品的贸易/交通中心	↔	•农业生产
•为农业生产提供服务 —种子、化肥、农药的生产 —维修服务	↔	•农业的发展 —农村的要素投入 —生产激励
—生产信息 —方法、技术创新	↔	—教育和能力的提高 —采纳新方法、新技术

续表

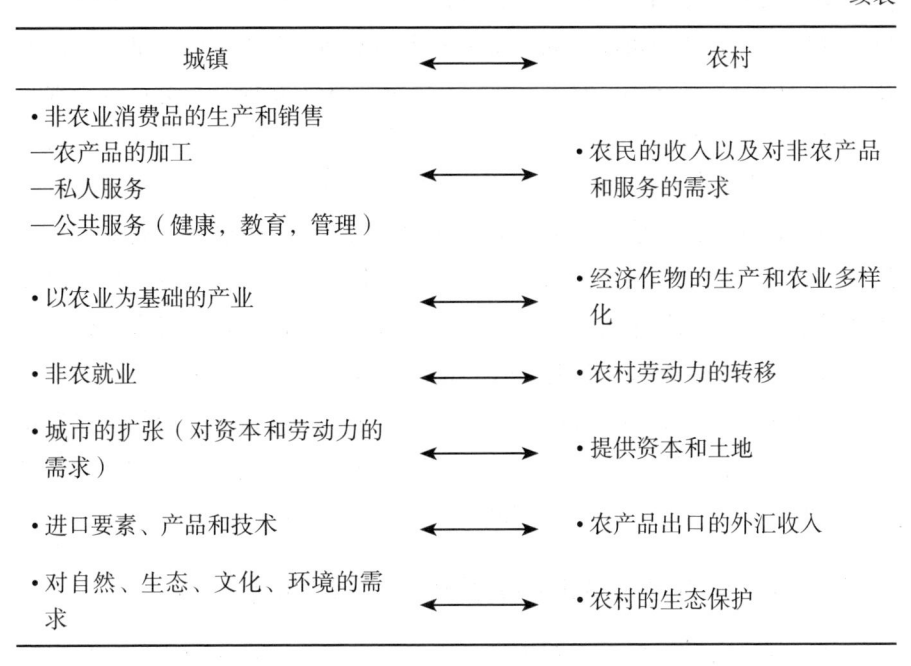

城镇	←→	农村
• 非农业消费品的生产和销售 —农产品的加工 —私人服务 —公共服务（健康，教育，管理）	←→	• 农民的收入以及对非农产品和服务的需求
• 以农业为基础的产业	←→	• 经济作物的生产和农业多样化
• 非农就业	←→	• 农村劳动力的转移
• 城市的扩张（对资本和劳动力的需求）	←→	• 提供资本和土地
• 进口要素、产品和技术	←→	• 农产品出口的外汇收入
• 对自然、生态、文化、环境的需求	←→	• 农村的生态保护

3.2.2 城乡联系和区域发展的锁定

城乡之间的关联度受多种因素的影响，城乡发展战略初始选择的不同，会在城乡之间相互依赖的正反馈机制的不断作用下，使城乡关系呈现出多重均衡的特征。极端的情况是城乡关系在正反馈机制的作用下，进入城乡联系和区域发展的锁定状态，很难被其他路径所取代。如果城乡间的初始选择是一种城市偏向的发展战略，在经济上城市经济严重剥夺乡村经济，并且主要依靠这种剥夺来完成城市工业化资本的原始积累及其工业体系；在城乡物质双向交流中，主要是以农业资源向非农业资源转移的单向交流为基本特征；在社会政治文化机制中，以城市为自我中心和城市的优先发展为主导；则会形成城市与乡村空间极不平衡和极不平等的发展格局，城乡关系被锁定在恶性循环的无效路径上。反之，如果城乡间的初始选择是平等发展的战略，城市经济不再剥夺乡村经济；在城乡物质双向交流中，以合理的市场经济机制为导向，使两者平等发展，并且对乡村经济有所补偿；在社会政治、文化等体制上，城市不再具有优先发展权，而是形成了城市与乡村共同发展的格局。[74]

城乡之间的恶性循环指的是农村地区的发展过度地依赖一种或几种农产品销售，农产品市场上商品价格的小幅波动会对当地的经济产生极大影响。地区的基础设施、服务和大城市相比处于劣势地位，远远低于现实和潜在的需要。基本部门缺少前向和后向联系，这限制了就业和家庭收入的增加。农村经济的低效率破坏了地方城镇经济以及它的发展潜力。对有限资源的依赖导致对农村过渡的开发和环境的破坏，低收入和贫穷将会持续，城镇更多地依赖政府的管理和支出而不是农村经济。在良性循环模型中，就业的多样化使家庭收入产生了较大水平的提高，这反过来导致对城市服务和城市功能的需求增加，经济的多样化通过每一个循环得到深化，旧工业在正常运转的同时伴随着新工业的产生。这反过来又会促进非农就业和农业就业的多样化，吸引农村富余劳动力向城市转移，增加农业的产出和农民的收入。同时，区域规划和生产责任的结合会使区域环境得到优化。

3.2.3 中国城乡协调发展的困境："闭锁状态"

我国城乡之间的收入差距逐年扩大，并最终锁定在无效率的"二元结构"闭锁状态。城市的发展以农村的发展为代价，反过来，农村发展的滞后也会进一步制约城市经济的发展。中国城乡协调发展的"闭锁"主要包括以下几个方面。

一是城乡发展不平衡和农村低水平发展的螺旋与锁定。针对我国城乡发展已出现严重不平衡，为求得城乡协调发展，我们理应组织、引导各种资源向农村流动，相对集中资源加快农村发展。但由于农业生产效率和城市生产效率的巨大差异，在城乡之间的要素流动中，主要体现为几乎所有的农村生产要素（劳动、资本、土地）向城市的积聚。乡村向城镇迁移的劳动力一般是具有更高收入水平、更低年龄结构、更高受教育程度的优质劳动力。依据《2022年农民工监测调查报告》显示，2022年全国农民工总量为2.96亿人，比上年增加311万人。在转移的劳动力中，劳动力年龄倾向于比较年轻的人群，40岁及以下农民工所占比重为47.0%；41～50岁农民工所占比重为23.8%。转移出的农民工受教育程度相对比较高，在全部农民工中，受教育水平是大专及以上的占13.7%，在外出农民工中，受教育水平是大专及以上文化程度的占18.7%。而农村外出劳动力汇向农村的非农业性收入和农业性收入一起，在扣除最基本的生活费用之后，又通过信贷的方式流向城市。

二是城乡发展不平衡和城镇经济萎缩的螺旋和锁定。农民收入增长的乏力也必然导致对城市工业品需求的不足，使城市工业生产萎缩，破坏地方城镇经济以及它的发展潜力。1997年以后，中国经济在总量关系上从短缺经济转变为相对过剩，供大于求的失衡成为供求关系的常态，经济发展的主要障碍从生产领域、供给领域转移到需求领域、消费领域。广大农村地区是一个潜力巨大的消费市场，农村地区集中着中国数量最多、潜力最大的消费群体。城乡居民收入差距过大、居民储蓄率上升、消费倾向下降会导致消费需求不足，2003年，在国家统计局统计的39个行业中，只有石油和天然气开采业、烟草制造业、其他采矿业、燃气生产和供应业四个行业的产品销售率达到或者超过100%，其他行业都是生产大于销售。消费需求不足导致生产能力经常处于闲置和半闲置状态，工厂开工不足，失业上升，大批农民工失去工作机会，只能重新返回农村，收入减少，以致消费能力进一步受到遏制。农村消费水平远远落后城市，在城乡居民消费之间出现了一个较大的消费空档或断层，城市生产的大量工业品无法在农村找到市场，农村市场已构成对城市经济和国民经济增长的制约。

三是城乡发展不平衡和粗放型外向经济发展的螺旋和锁定。由于城乡经济发展的不平衡，农村劳动力源源不断地向城镇转移，城镇的劳动力供给，尤其是低水平的劳动力供给处于充裕状态，导致城镇劳动力的工资水平一直在低水平状态徘徊。低工资水平抑制了人力资本投资和创新能力的提高，导致劳动密集型产业过度发展，劳动密集型产业导致劳动生产率低下，劳动生产率低下又导致低工资水平。低工资水平导致需求结构的低度化，影响产业结构进一步升级，强化国民经济对劳动密集型产业的依赖。低工资水平还导致了国内需求的不足，促进劳动密集型产业的出口和发展，而劳动密集型产品的国际竞争会促使厂商进一步降低工资，以增强国际竞争力。中国工人在极其恶劣的环境里加班加点生产的产品只能换取微薄的收入，而国外消费者花很少的钱就占有了中国工人大量的劳动，这是中国工人创造的价值和福利向国外的低价转移，提高了国外消费者的福利，却降低了中国工人的福利和生活水平。国际间贫富差距的扩大和国内市场的萎缩，会进一步强化我国粗放型外向经济发展策略，造成国民经济对国外市场的过度依赖，降低经济发展的稳定性。

四是城乡发展不平衡和环境恶化的螺旋和锁定。新中国成立以后，我国确立了优先发展重工业，忽视农业发展的政策。形成了以工商业为核心的"强大城市地带"和以农林渔业为中心的"脆弱农村地带"，农业和工商业处于分离、对立的关系状态中。这种社会功能的分化和对立使社会严重畸形。强大的城市地带吸引了脆弱农村地带的物资资源和人力资源，造成国土资源利用不平衡，农村地带由于农地、林地、渔场的过度荒废和人口的大量外移，而导致自然环境、生产环境、生活环境的恶化。另一方面，城市地带为扩大加工利用再生产，聚积了大量资本，从而出现高度密集的工业区、高度集中的住宅区，成片土地工厂化、住宅化，城市地带的自然环境和生活环境大大恶化。同时，城乡之间收入差距的持续扩大，还是城市和农村收入差距继续扩大的原因，越来越多的人被甩到社会结构之外，社会环境也开始恶化，偷盗、抢劫、欺诈等行为逐渐增多，对社会的不满和抱怨也在逐渐增加，社会政治和经济发展的稳定性受到威胁。

3.3 中国"城乡协调闭锁状态"的形成

3.3.1 中国城乡协调初始路径的选择

城乡之间的分工使城市从乡村中分离出来，由原来的同质体变成两个有差异性的主体。城乡之间的协调关系，即要素配置和要素分配的方式不是单一的，呈现出多重均衡的特征，最终的均衡状态受初始路径选择的影响，而初始路径的选择又是一系列随机因素共同作用的结果。新中国成立初期，战争、自然灾害等随机因素的影响，导致中国选择了城乡分割的初始路径，初始路径的选择在收益递增机制的作用下，往往具有很强的不可逆性，从而导致中国城乡协调闭锁状态的产生。

3.3.1.1 战争与中国重工业化道路的选择

中国重工业化道路的选择不是偶然的，而是当时国际国内政治、经济环境下的必然选择，导致中国走上重工业道路的一个重要原因是战争，既包括内战也包括外战。[75]

首先，长期的战争导致我国工业基础的薄弱，迫切需要建立工业体系，创造物质基础。从1840年鸦片战争开始到1949年中华人民共和国成立，我国经历了将近一个世纪的混战局面。由于战争消耗了大量的人力、物力和财力，延缓了工业化进程和经济发展的速度。特别是重工业，生产设备和工艺极为落后，重要生产部门短缺，难以形成基本的生产体系。到1949年，旧中国工业发展还处于极低的水平，工业产值仅占工农业总产值比重的30%，其中重工业只占7.9%。新中国成立后，经过三年的经济恢复，虽然我国的工业已经恢复并且超过历史上的最高水平，但是，我国有计划的工业化的起步点仍然是很低的。1952年现代工业在我国工农业总产值中的比重只有26.6%，重工业在工业产值中的比重只有35.5%。由于我国的重工业基础极为薄弱，只有加速重工业的生产和建设，把重工业放在优先发展的位置，才能为工业体系和国民经济体系的建立和完善创造物质基础。

其次，战争形势的不确定性，使中国与苏联结盟，并复制其优先发展工业的战略。由于以美国为首的西方阵营对新中国的敌视政策，大力扶植刚进行过侵华战争的日本，新中国不得不郑重考虑国家安全，以及从哪里可能得到支援的问题。1949年年底，毛泽东亲率中国代表团访苏，1950年，双方签订了《中苏友好同盟互助条约》《关于苏联贷款给中华人民共和国的协定》。1953年开始的"一五"计划拉开了新中国工业化建设的步伐。为了打破一些帝国主义国家的恶意封锁，把落后的农业大国迅速建设成为可在一定程度上拥有现代化水平的工业经济的新中国，苏联等东欧国家伸出了援助之手。此时中国工业化建设的主要任务就是安排落实苏联援建的156个大中型工业项目，用先进的生产技术装备和改造重工业，既加强国防建设，又增加各种农副产品和工业品的生产，保证了人民生活水平的不断提高。

最后，发展重工业是维护国家安全的前提。20世纪50年代，帝国主义和社会主义两大营垒相互敌视，对峙形势十分严峻。西方一些主要资本主义国家不仅采用政治上的孤立，军事上包围，而且用经济上禁运、封锁等卑劣手段，妄图将新中国扼杀于摇篮之中。在这种严峻的国际背景下，为了保障国家政治独立和国防安全，为了避免落后挨打历史的重演，迫切要求优先发展军事工业和作为军事工业基础的重工业。

3.3.1.2 人口和户籍政策的初始选择

新中国建立后，随着国民经济的恢复和发展，人民生活条件和医疗卫生状况逐步改善，人口增长呈现出高出生率、低死亡率、高自然增长率等特征，到1955年全国人口已超过6亿。此时，虽然马寅初等经济学家已经认识到计划生育的重要性，但是在"人多力量大"的口号下，人口控制工作迟迟得不到很好的开展，人口增长速度很快。1965年出生率为37.88‰，死亡率为9.50‰，自然增长率为28.38‰。1966—1971年的六年中，全国出现了中华人民共和国成立以来的第二个生育高峰，人口净增1.22亿。1949—1983年农村人口由4.84亿人增加到7.84亿人，平均每年增长1.4%；适龄劳动由2.37亿人增长到4.47亿人，平均每年增长1.9%；在业劳动力由1.65亿人增长到3.4亿人，平均每年增长2.1%。在农村劳动力不断增长的同时，由于工业、交通、水利和住房建设占地，耕地却有所减少，农村劳动力平均播种面积1983年比1952年减少了45.7%。农村劳动力数量的增长和土地的减少同时出现，导致农村剩余劳动力人口的不断增多。[76]

中国城乡户口的界限始于20世纪50年代，1951年公安部颁布实施《城市户口管理暂行条例》和1955年国务院发布《关于建立经常户口登记制度的指示》，起初只是作为一个登记手续。1958年1月，以《中华人民共和国户口登记条例》（以下简称《条例》）为标志，中国政府开始对人口自由流动实行严格限制和政府管制。第一次明确将城乡居民区分为"农业户口"和"非农业户口"两种不同户籍。但此时，这一制度更多地是针对"大跃进"带来的城市人口的快速增加，管理的功能远远大于限制的功能。该《条例》在限制人口向城市流动方面的功能得以全面强化和真正执行，却是1959年开始的"三年困难时期"造成的商品粮供应全面紧张，以及随之而来的对城市人口猛烈压缩而展开的。1963年，公安部依据是否吃国家计划供给的商品粮，将户口分为"农业户口"和"非农业户口"，使得这个制度具有了真正的操作依据。1964年国务院批转《公安部关于处理户口迁移的规定（草案）》，进一步划分了城乡之间人口迁移的界限。

3.3.2 中国城乡协调发展的路径依赖

3.3.2.1 重工业化战略下城乡差距的日益扩大

中国重工业化战略的选择，在资金短缺的约束下，必然要求政府采取城市偏向的政策，通过扭曲产品价格和生产要素价格，创造一种不利于农业、农村和农民的发展环境。中国的农民之所以在发展的过程中受到歧视，是因为其居住分散、缺乏信息、交通不便、财力拮据、缺乏政治力量。在强大的政府和城市阶层面前，处于弱势地位，不具备与之相抗衡的力量。当政府或城市阶层提出一种分配方案，在城乡之间分配农产品的价值时，农民不具有实施拒绝的权利，从生产中分配到的数额很少。

假设农民具有 χ 单位的时间，χ 单位中有 χ_1 单位用于农业劳动，χ_2 单位用于非农劳动，χ_3 单位用于闲暇。假设 χ_1 单位的劳动时间从事农业活动时可以创造的总财富为 $TR(\chi_1)$，如果农业劳动是集体劳动，那么每个人得到的收益实际是集体的产出进行均分后的结果，假设均分后农民的收益变为原来的 λ 倍，为 $\lambda TR(\chi_1)$，$0<\lambda<1$。这些财富中有 α 的比例为农民所获得，$1-\alpha$ 的比例被政府采用"剪刀差"等各种手段转移到城市部门，支持国家的工业建设。假设农民从事非农活动创造的财富为 $TR(\chi_2)$，从事闲暇的收益为 $TR(\chi_3)$。对于农民来说，总的收益 $TR = \lambda\alpha TR(\chi_1) + TR(\chi_2) + TR(\chi_3)$。

农民要想实现收益最大化，其劳动力的分配必须满足不同活动所分配时间的边际收益（MR）相等，即：$\lambda\alpha MR(\chi_1) = MR(\chi_2) = MR(\chi_3)$。

农民没有退出权，户籍制度又排除了农民自发迁移出农业和农村制度的合法性，人们被强制性地固定在集体的土地上从事农业劳动，非农劳动是被禁止的，人们只能在农业劳动和闲暇之间进行选择。但是，由于农民从事农业劳动时对最终分配的比例没有实施拒绝的权利，只能被动地接受，导致其最终被分配的比例 $\lambda\alpha$ 很小。作为理性的主体，此时农民宁愿把更多的时间用于闲暇，在生产队集体劳动中存在"出工不出力"等偷懒现象，这其实也是一种变相的退出，其直接后果是农业产生效率极度低下，严重到几乎无法保证农民生存的地步。1978年，有2.6亿农民陷入绝对贫困状态，城乡之间的差距出现并逐步拉大。

当农民相对于城市居民的收入水平和生活水平降低到一个临界水平时，农民自发地、义无反顾地选择全面"退出"集体劳动的束缚，政府此时也顺应民意，进行了家庭联产承包责任制的改革。实行分田到户，使农户成为他们边际劳动力的剩余索取者，而不用再通过"大锅饭"的形式让不劳而获的人分享自己的劳动成果，所以 $\lambda=1$。同时，政府开始进行价格改革，改变工农业产品价格扭曲的状况，α 值也有了大幅度的提高。此时农民从事农业劳动的积极性增强，农业的劳动生产率也提高得很快，城乡之间的收入差距有了缩小的趋势。但是，家庭联产承包责任制的制度效应具有短期性，20世纪80年代以后，农业生产进入徘徊期。从事农业生产的边际收益远小于从事非农劳动的边际收益，此时，大量的优质农业劳动力从农业中转移出来,向城市制造业、服务业部门流动,与劳动力一起流向城镇的还有农村稀缺的资本。要素从农村向城镇的单向流动,在提高城镇生产效率的同时,进一步降低了农业发展的潜力,造成了农业的落后、农村的衰败和农民的贫困,使城乡差距呈现日益增大的趋势。

3.3.2.2 劳动力相对于资本的过剩导致要素分配不合理的加剧

按照索洛的新古典经济学理论,$y = f(k)$,y 是人均产出,k 是人均拥有的资本量,Y 和 K 分别表示总产出和总的资本存量。人口的增长率为 g_L,储蓄率为 s。当 $y^* = f(k^*) = \frac{g_L}{s}k$ 时,经济处于长期均衡状态,如图 3-2 所示。

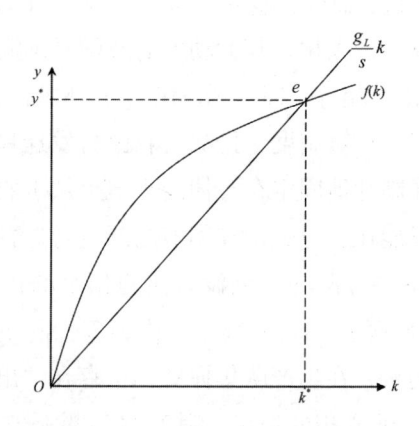

图3-2 新古典经济增长均衡状态图

从收入角度来看,产出应该以工资和利润的形式分配给劳工和投资者(产出分为消费和投资是从支出的角度考虑的),即

$$Y = W + P \tag{3-1}$$

其中,MPK表示资本边际产出;MPL为劳动边际产出;w 表示工资率;用 ρ 表示利润率,则在完全竞争市场条件下

$$\rho = \text{MPK}, \quad w = \text{MPL} \tag{3-2}$$

资本边际产出又可以表示为生产函数的斜率:

$$\rho = \text{MPK} = \frac{\partial Y}{\partial K} = \frac{\partial}{\partial K}(L\frac{Y}{L}) = \frac{\partial}{\partial K}[Lf(k)] = Lf'(\frac{K}{L})\frac{1}{L} = f'(k) \tag{3-3}$$

3 城镇化进程中城乡协调"闭锁状态"的形成机理

$$w = \mathrm{MPL} = \frac{\partial Y}{\partial L} = \frac{\partial \left[Lf(\frac{K}{L}) \right]}{\partial L} = Lf'(\frac{K}{L}) \times (\frac{-K}{L^2}) + f(\frac{K}{L})$$
$$= f(k) - kf'(k) = y - k\rho \tag{3-4}$$

在图3-3中，先由生产函数和射线 $y = \frac{g_L}{s}k$ 确定均衡值 $e(k^*, y^*)$，e 点的切线斜率（QR的斜率）即为资本利润率 $\rho = \mathrm{MPK}$，而产出 y^* 中剩下的部分 $OB = y - k\rho = w$ 为劳动工资率。在均衡增长下，k^* 和 y^* 均稳定，所以工资率和资本回报率均稳定。但是，由于生产函数的边际产出递减，ρ 值有一个从左向右的递减过程。[77]

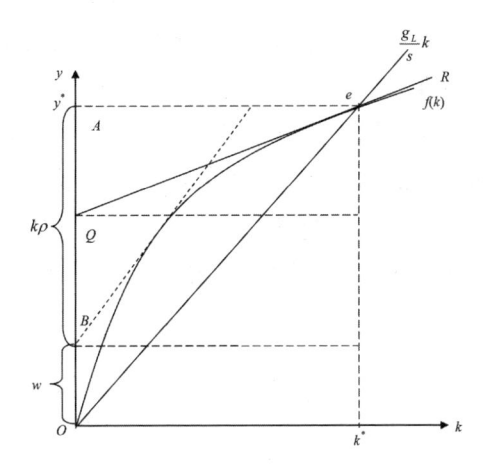

图3-3　均衡增长条件下收入分配图

生产要素的价格取决了生产要素的供给和需求，因为资本和劳动是可以相互替代的，所以资本和劳动的相对价格主要取决于两者的相对供给水平。当资本相对于劳动力短缺时，资本的相对价格较高，企业就会用更多的劳动替代资本。按照边际产出递减规律，此时，资本的使用量少，资本的边际产出 ρ 值偏高，相应的，利润最大化条件下资本的回报率就比较高。然而，由于劳动的使用量多，劳动的边际产出就比较小，相应的，劳动者的报酬即工资水平就比较低。所以，产出的更大比例以利润的形式被分配给投资者，而劳动者所获得工资占比者比较小。

由于1949—1953年期间，我国采取了放任自流甚至鼓励生育的人口政策，劳动力尤其是低素质的农村劳动力相对于资本来说长期处于过剩的状态，中国总就业人口7.6亿，农村的剩余劳动力就有1.5亿。劳动力过剩导致农村向城镇转移劳动力的工资水平一直在低水平徘徊，维持在生存工资水平上，陷入"低水平工资陷阱"。低工资陷阱使城乡间要素价格扭曲，带来产业结构低度化、区域经济发展不平衡、贫富差距加大、有效需求不足等一系列问题。

3.3.2.3 城乡分割制度的网络化与固化

"三年困难"时期，我国商品粮供应紧张，为了防止巨大的城市利益差对农村劳动力的吸引，导致人口无节制地涌入城市，城乡间不得不采用户籍制度割裂开来。但是，户籍制度本身仅仅是一个登记制度，要想真正地起作用，必须建立起与其配套的其他制度。新中国成立前，这些制度是粮食供给制度、就业制度、住房制度等，改革开放之后则是各种福利制度、教育制度等。这些制度之间具有很强的关联与互补性，是经过渐进的、历时的、纵向关联的制度演化，城乡间所形成的以户籍制度为基础的整体性制度安排。这些制度长期以来相互联系、相互作用，形成稳定的连接结构形态，即以网络结构形式存在的制度体系。[78]如图3-4所示。

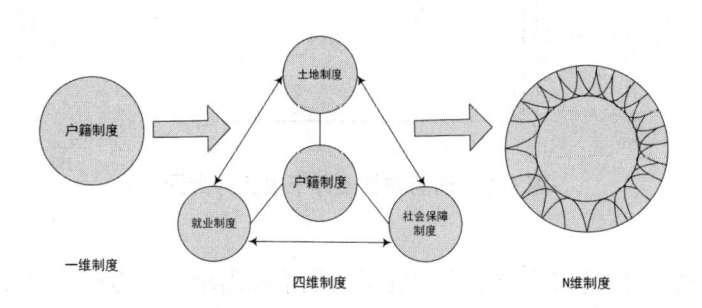

图3-4 城乡分割制度网络演化图

自1979年以来，我国城乡制度变革之所以收效甚微，一方面源于这一系列制度的历史路径依赖（历时关联）增强了制度系统的"耐久性"，另一方面则是这一系列制度相互之间的共时关联进一步增强了这一制度系统的"惰性"，这就使"帕累托次优的整体性制度安排因各制度元素的互补性仍将呈现耐久性和稳固性"[79]。以户籍制度为根基的城乡分割的投融资体制、劳动就业制度、财税体制、社会保障福利制度和农地制度等，并不是各不相关的，它们之间存在着跨域的相互"嵌入"[80]。户籍制度要想发挥作用，必然要在城乡之间实施不同的"补贴"，即不同的社会保障、就业和教育制度，补贴越多，生活水平落差越大，城市户籍制度执行得越严。户籍制度和教育制度一起造成城乡居民受教育机会和享受教育水平的不均等，形成城乡居民劳动生产率和工资水平的巨大差异。低的工资水平决定转移到城市中的农村居民不能负担高额的城市定居成本，只能在城乡之间来回摇摆。户籍制度将大量的农村剩余劳动力限制在农村，阻止了城市和城市人口的膨胀，城市偏向的投融资体制得以推行；城市偏向的投融资体制、不公平的财税体制的存在使城市居民高保障高福利制度的进一步强化，从而形成了制度的互补；户籍制度和城市偏向的福利制度将人口众多的农民限制在农村，束缚在有限的土地上，导致了农地制度的改革始终难以跳出"行使社会保障功能—均分土地—土地细碎化"的怪圈。这类制度互补只是增强了旧有制度的惰性而非提高了其效率，因为这样的制度互补虽然为城市居民创造了租金机会却同时使农民的处境变得更坏。本来在城乡隔绝的户籍制度下，农民受损最多而城市居民获益最大，农民自然应该成为这项制度变革的积极推动者，但占人口绝大多数的农民在与占人口少数的城市居民之间的制度博弈中总是处于劣势而没有"话语权"；而城市居民在这一系列制度安排中获得了巨大的收益，他们自然会成为这场制度变迁的反对者，这无疑加强了现有制度的耐久性和惰性，也增加了城乡制度变迁的困难。[81]

3.3.3 中国城乡协调闭锁状态的产生

中国城乡之间的闭锁状态是城乡分割制度壁垒下城乡间要素单向流动的结果。图3-5展示的是修改后的刘易斯模型，表明随着经济增长，城乡之间重新配置劳动力资源。假设城市的产业部门以工业部门为主，城市的工业部门分为两种，一种是劳动生产率较高的新兴产业部门，用图3-5（a）来表示，一种是劳动生产率较低的传统制造业部门，用图3-5（b）来表示。而农村的产业部门以农业部门为主，用图3-5（c）来表示。L代表劳动力人数，W代表工资水平，D代表劳动力的需求曲线，S代表劳动力的供给曲线。城乡分割的户籍制度和教育制度造成城乡居民受教育机会和享受教育水平的不均等，形成城乡居民文化素质和劳动生产率的巨大差异。城市新兴产业部门对劳动力的要求较高，主要吸纳高素质的城市劳动力就业，而传统制造业部门对劳动力的要求较低，主要吸纳低素质的农村劳动力转移人口。

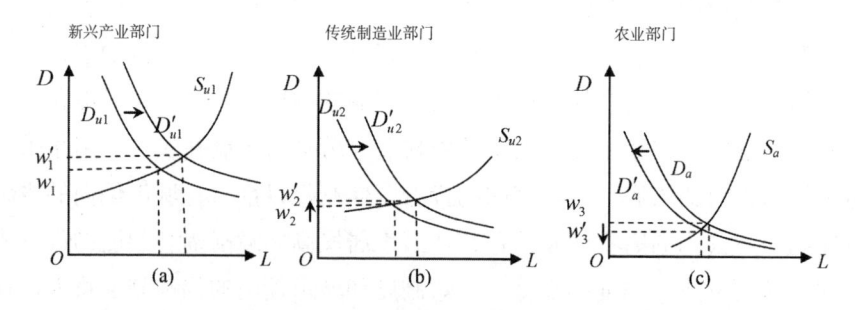

图3-5　城乡分割的闭锁状态的产生

图3-5（a）和图3-5（b）相比，由于新兴产业部门的劳动生产率远高于传统制造业部门，所以，城市居民的工资水平w_1远大于农村转移劳动力的工资水平w_2。由于高素质的劳动力相对稀缺，新兴产业部门的劳动供给线弹性较小，比较陡峭。当城市工业部门扩大生产，劳动力的需求曲线从D_{u1}向右移动到D_{u2}时，能引起城市居民的工资水平有一个较大幅度的提升，从w_1提高到w_1'。由于我国低素质的农村劳动力比较充裕，传统产业部门的劳动力供给曲线弹性较大，比较平坦，当传统产业部门扩大生产时，工资水平提高的幅度较小，从w_2上升到w_2'，容易陷入"低水平工资的陷阱"。因此，城市居民的工资水平和工资上涨速度都远远高于农村向城镇转移的人口。城市居民的高工资会促进城市住房和消费品价格的上涨，提高农村居民在城市的居住成本和生活成本，再加上由于户籍制度和社会保障制度的限制，农村居民无法享受到城市居民拥有的住房、医疗、教育、养老等社会福利，导致农村居民向城市永久性迁移的困难，农村向城市的迁移人口只能作为"两栖人"，摇摆在城乡之间。土地仍然行使着社会保障的功能，土地的规模化经营很难实现。

图3-5（b）和图3-5（c）相比，因为传统制造业部门的劳动生产率和工资水平要高于农业部门，农业部门文化素质高、能力高和身体素质较好的劳动力不断地向传统制造业部门移动，而留下来从事农业劳动的则多是

老、弱、病、残的劳动力，劳动力的边际产量较低，导致劳动力的需求曲线不断地向下方移动，从 D_a 移动到 D_a'，劳动力的报酬也不断下降，从 w_3 下降到 w_3'。随着农村劳动力的不断转移，农村的劳动力不再处于过剩状态，相对于土地的供给来说，有些地方反而是处于一种短缺状态。但是，由于农村劳动力永久性转移的困难，土地的社会保障功能仍然存在，土地的规模化经营很难实现，农业的劳动生产率仍然低于城市传统工业部门的劳动生产率，即使土地被抛荒，农业劳动力向城镇转移的步伐仍然不会停止。

由以上的分析可知，在户籍制度、教育制度、福利制度、土地制度等城乡分割制度的耦合作用下，城乡之间的劳动力呈现由农村向城市单向流动的倾向，由于城乡劳动生产率和劳动供给弹性的不同，城乡之间的劳动力报酬不但没有收敛的倾向，反而呈现出差异越来越大的趋势。劳动力报酬差距的扩大，又会进一步地促进农村文化素质较高和身体素质较好的劳动力向城镇的迁移，导致农村经济的空心化，进一步扩大城乡之间的差距，使城乡关系进入锁定的状态。

3.4 本章小结

本章主要分析了城镇化进程中城乡协调闭锁状态的形成原因和过程。城乡协调的发展受多种因素的影响，这些因素从时间上划分，可以分为历史因素和现实因素，从空间上划分，可以分为国际因素、国内因素和现实因素。城市和乡村是两个既相互区别，又相互联系、相互依赖的整体。在历史和现实等多种因素的影响下，城乡发展战略初始选择的不同，会在城乡之间相互依赖的正反馈机制的不断作用下，使城乡关系呈现出多重均衡的特征，极端的两种情况是城乡协调发展的良性循环和城乡协调发展的恶性循环，目前，我们国家城乡协调发展的困境是陷入了恶性循环的闭锁状态。中国城乡协调闭锁状态的形成，受城乡分割的初始路径选择的影响，而初始路径的选择又是中华人民共和国成立初期一系列战争、自然灾害和领导偏好等随机因素共同作用的结果，初始路径的选择在收益递增机制的作用下，具有很强的路径依赖性，最终导致了城乡劳动生产率的极大差异，优质生产要素源源不断地从农村向城市单向流动，城乡间的收入差距不断扩大，城乡协调闭锁状态产生。

4 破解"城乡协调闭锁状态"的尝试及绩效

改革开放以来，随着城乡差距的逐渐扩大，城乡之间的矛盾日益凸现。当变革的收益大于成本时，人们就会做出种种破解"城乡协调闭锁状态"的尝试。这种尝试可能是由农民自发创造，并经政府推广和完善的结果，比如家庭联产承包责任制和乡镇企业的兴起。也可能是由政府自上而下的人为设计的结果，比如撤乡并镇和社会主义新农村建设的实施。

4.1 家庭联产承包责任制的历史变迁与绩效分析

4.1.1 家庭联产承包责任制的推行

中国最初的改革是从农村开始的土地制度的改革，从改革的时机来看，一系列重要因素孕育和促成了农村改革的率先突破。一是"文化大革命"结束之后，全社会形成了寻求变革突破旧体制的政治环境；二是农村经济是当时最薄弱的环节，在城市改革走不通的情况下，农村改革最容易突破；三是当时农业生产制度长期低效率运行，无力解决全面的贫困和温饱问题，国民经济的基础非常脆弱；四是农村改革的帕累托式福利改善，能够惠及所有人口，从而最大限度地获得政治上的支持。在社会需求变革的政治氛围下，决策者与农民通过上下结合的互动方式，达成了推动这项改革的共识。[82]

1978年中国共产党第十一届中央委员会第三次全体会议会议深入讨论了农业问题，同意将《中共中央关于加快农业发展若干问题的决定（草案）》和《农村人民公社工作条例（试行草案）》发到各省、市、自治区讨论和试行。并提出"全党目前必须集中主要精力把农业尽快搞上去，因为农业这个国民经济的基础，这些年来受了严重的破坏，目前就整体来说还十分薄弱。只有大力恢复和加快发展农业生产，坚决地、完整地执行农林牧副渔并举和'以粮为纲，全面发展，因地制宜，适当集中'的方针，逐步实现农业现代化，才能保证整个国民经济的迅速发展，才能不断提高全国人民的生活水平。为此目的，必须首先调动我国几亿农民的社会主义积极性，必须在经济上充分关心他们的物质利益，在政治上切实保障他们的民主权利"。此后，各种形式的农业生产责任制得到恢复和发展。当时，各地出现的农业生产责任制主要有包工到组和包产到组。到1979年底，全国一半以上的生产队实行包工到组，1/4的生产队实行包产到组，在包工到组和包产到组的同时，个别地方自发地实行包产到户。

对农民自发实行的包产到户，中共中央经历了从不允许、允许例外、小范围允许到全面推广的过程。1978年时，政府的政策要求还是"不许包产到户，不许分田单干"。1979年3月，国家农委党组在《关于农村工作问题座谈会纪要》中提出："深山、偏僻地区的孤门独户，实行包产到户，也应当许可。"1980年3月，国家农委在《全国农村人民公社经营管理会议纪要》中指出："至于极少数集体经济长期办得很不好、群众生活困难的，自发包产到户的，应当热情帮助搞好生产，积极开导他们努力保持，并逐步增加统一经营的因素，不要硬性扭转，与群众对立，搞得既没有社会主义积极性，也没有个体积极性，生产反而下降。"1980年9月，中共中央在《关于进一步加强和完善农业生产责任制的几个问题》中规定："在那些边远山区和贫困落后地区，长期'吃粮靠返销，生产靠贷款，生活靠救济的'生产队，群众对集体丧失信心，因而要求包产到户的，应当支持群众的要求，可以包产到户，也可以包干到户。"1982年是农业经营体制改革的转折点。1982年1月1日，中共中央批转了《全国农村工作会议纪要》（以下简称《纪要》）。《纪要》指出，包括包产到户、包干到户在内的各种生产责任制，只要群众不要求改变，就不要动。包干到户是建立在土地公有制基础上的，是社会主义农业经济的组成部分。《纪要》对包产到户、包干到户的肯定，对推动"双包"的全面推广起了主要作用。1982—1983年，家庭联产承包责任制迅速得到推广。到1984年，全国农村100%的生产队和98%的农户都接受了家庭联产承包责任制这种新的农业经营体制，标志着农业经营体制的微观基础已经形成。

实行家庭联产承包责任制是农村基本经营制度的变革。它结束了"三级所有,队为基础"的农业生产组织体制,在生产单位、经营目标、决策过程和市场环境等方面都发生了根本性的变化,如表4-1所示[83]。农户通过承包的方式获得了独立经营集体公有土地的权利,这种权利使农户逐渐成为独立的财产主体,由土地的一个经营层次发展为独立的经营实体,并获得了对自己劳动力的支配权,有效地解决了激励问题,极大地激发了农民的生产热情,也为农村迎来了一个超常规增长的"黄金时期"。1978到1984年,农业增长速度惊人,保持了年均7.4%的增长率,1981到1984年,农业承包责任制由局部到普遍推开的三年时间内,农业年平均增长速度高达10.9%。到1984年全国粮食总产量达历史最高水平。据林毅夫通过生产函数测算,我国1978—1984年间农作物总产值以不变价格计算,增加了42.23%,其中有大约一半(46.89%)来自责任制改革所带来的生产率的提高。[84]以家庭联产承包责任制为主的农村改革,极大地提高了农民的收入,根据《中国统计年鉴1989》统计数据显示,从1978年到1984年,粮食产量增长了1亿吨,由1978年的3.05亿吨增长到了1984年的4.07亿吨,农民的收入水平同期也增长了2.69倍。农民收入的增加,导致城乡收入差距迅速缩小。根据价格调整过的城镇可支配收入与农户纯收入之比,从1978年的2.57∶1一度降到1988年的1.51∶1。

表4-1 两种农业经营体制的比较

项目	高度集中的计划经济体制	家庭联产承包责任制
生产单位	农村集体经济组织	农户家庭
经营目标	完成计划指标和维护社会稳定	完成订购任务后的利润最大化
经济决策	收购计划和劳动工分制	家庭享有较高的自主决策权
土地使用	国家控制	土地使用权可以流动
劳动力	限制流动	自主决策劳动力的配置和流动
资金	国家控制	家庭拥有自主决策权
专业化	高度自给自足	部分专业化获得比较利益
集贸市场	几乎全部开放	开放集贸市场、价格"双轨制"

4.1.2 家庭联产承包责任制存在的问题及完善

家庭联产承包责任制在20世纪80年代初期极大地提高了农业的劳动生产率，提高了农民收入，缩小了城乡差距。但是，从20世纪80年代中期开始，农业生产出现了停滞，最为瞩目的是农民收入的增长缓慢，甚至陷入停滞的状态；城乡收入的差距虽然在20世纪80年代中期前已有缩小的趋势，但随即反其道而行之，越拉越大，已经超过了改革开放之前的水平了。同时，农村土地制度也出现了一系列的瓶颈，制约了农村经济的发展，主要表现在以下几个方面。

（1）土地承包期的短期化导致土地经营行为的短期化。对于农户而言，短期、频繁的土地调整，不利于回收土地投资的收益，容易导致农户经济行为的短期化。首先，农户只想从土地上索取，不注重保持土地肥力和追加投入，导致土地肥力不断下降。其次，农户不会生产那些虽然经济效益好，但初期投资大的产品，比如大棚蔬菜、果树等。要使农民的经济行为长期化，就必须解决土地投资激励的问题，延长土地的承包期，保持农户土地经营权的稳定。1984年，农村政策提出土地承包期为15年，1993年前后，随着各地区土地承包合同纷纷到期，国家出台政策把合同延长到30年。1999年修订的《中华人民共和国宪法》，规定农村集体经济实行家庭承包经营为基础、统分结合的双层经营体制。2002年《中华人民共和国土地承包法》的出台，从法律上赋予了农民长期而有保障的土地使用权和土地承包当事人的合法权益。2003年和2005年，农业部分别出台了《中华人民共和国农村土地承包经营权证管理办法》《农村土地承包经营权流转管理办法》，加强对农民经营土地权益的保护和农村土地市场的规范化管理。2008年，党的十七届三中全会通过的《中共中央关于推进农村改革发展若干重大问题的决定》，明确规定："赋予农民更加充分而有保障的土地承包经营权，现有土地承包关系要保持稳定并长久不变。"

（2）土地分散化、细化导致土地的规模化、专业化经营难以实现。一项典型的调查显示，1984年全国农户平均拥有的耕地8.35亩，分散在9.7个地块上，每个地块平均0.86亩。[85]土地的超小规模经营不仅不利于引进资金和技术，难以形成规模效益，而且单个农户从市场获得信息的能力有限，对市场的参与程度较低，也没有足够的能力抵御自然灾害、技术创新等风险，从而不利于农业生产的社会化、规模化和集约化。同时，由于不少地方的集体资产也全部分到农村，集体经济名存实亡。在大多数地区，集体统一经营的收入减少，为农户提供服务的能力也非常薄弱。因此，加强集体统一经营是完善农村基本经营制度的另一项重要内容。在改革初期，绝大部分集体统一经营层次无力为农户提供各种所需的服务，这样，农户之间的联合和合作开始出现。初期的合作主要集中在科技推广、良种服务和农田水利建设、大宗农产品销售等领域，弥补了农村社会化体系发展的不足，旨在扩大交易规模、降低交易费用，组织农村进行单个农户不能完成的基础设施建设。随着农村经济的发展，统一经营方式的体制创新日趋多元化。这些创新形式主要有三种类型：一是农村专业合作社和专业协会等农村合作经济组织的发展；二是"公司+农户"等形式的农业产业化经营，三是不断改革和完善的农村基层组织提供的服务。

（3）土地产权主体虚置导致农民的权益受到了损害。《宪法》《土地管理法》《农业法》等重要法律都明确的规定农村的土地归农民集体所有，但"集体"是哪一级，法律规定较为含糊。中国农村的土地由国家所有变成集体所有，农民对于土地获得了与产权相关的两种权利，即使用权与收益权，但是农民并未获得关于土地的转让权。这种限制排斥了村民集体在城市化和工业化进程中对农地转用的自主支配权和在征地过程中的议价权，从而排除了农民分享工业化和城市化净福利的权利；这种限制不仅不利于盘活土地的存量，不利于有效利用耕地，还可能造成数以千万计的农民在失去土地的同时，没有获得相应的非农就业岗位和社会保障。据河海大学公共管理学院院长施国庆与征地制度改革研究者朱东恺公布的一项研究结果显示：地方政府大约在土地用途转变增值的权益的分配中得到60%～70%的利益，村集体组织得25%～80%的利益，失地农民只得到5%～10%的利益，甚至更少。[86]同时，由于农民的土地资产不能资本化，农民不能以所承包的土地做抵押，造成农民贷款难。农村宅基地不能对外出租和出让，农民的集体土地使用权与城市居民（含工商企业）的国有土地使用权（含宅基地）不能做到同地、同权、同价，造成农民无法获得或增加财产性收入。现行的集体土地所有制遏制了土地产权的转让和交易，阻碍了城市化进程，不利于农村实现土地的规模经营，从而使人地关系的变化与矛盾转化成为新的制度变革的诱因。

4.1.3 农村土地改革：从家庭联产承包责任制到三权分置

随着城镇化的加速推进，就业由农业不断转向第二、三产业。大量农村人口向城镇转移，造成了农村青壮年劳动力大幅减少，土地资源出现了闲置和浪费。为了更好地盘活农村土地资源，发展农业适度规模经营，推动现代农业发展，需要在家庭联产承包责任制改革的基础上，进一步完善和创新农村基本经营制度，引导土地经营权有序流转。

顺应农村改革新形势，农村的土地集体所有权、农户的承包权、土地的经营权"三权分置"办法也适时出台。2013年中央"一号文件"指出，改革农村集体产权制度，有效保障农民财产权利，建立归属清晰、权能完整、流转顺畅、保护严格的农村集体产权制度，是激发农业农村发展活力的内在要求。2014年中央"一号文件"提出，要深化农村土地制度改革，稳定农户承包权、放活土地经营权，允许承包土地的经营权向金融机构抵押融资。2016年，国务院颁布《关于完善农村土地所有权承包权经营权分置办法的意见》，将农村土地产权中的土地承包经营权进一步划分为承包权和经营权，实行所有权、承包权、经营权分置并行。党的十九大报告提出，巩固和完善农村基本经营制度，深化农村土地制度改革，完善承包地"三权"分置制度。"三权"分置作为一种长远制度安排，统筹解决了稳定与放活、公平与效率、封闭与开放、外出务工与"谁来种地"、家庭承包与规模经营等问题，促进了家庭农场、农民合作社、龙头企业等新型农业经营主体队伍不断壮大，土地产出率、劳动生产率和资源利用率不断提高。[87]

4.2 乡镇企业的发展与绩效分析

4.2.1 乡镇企业发展的历程

乡镇企业的前身是在改革前即存在于中国农村的社队企业。1978年，全国社队企业的数量已经达到152万个，有2 827万农村劳动力在企业就业。1984年3月，社队企业的提法正式更名为"乡镇企业"。促使20世纪80年代初期乡镇企业获得发展的原因主要有以下几个方面：（1）农村改革导致的技术效率释放，以及随后的农业要素投入的边际递减使乡镇企业获得了充足的劳动力资源。（2）农业产出水平和农民收入的增加，使乡镇企业的发展得到了获取资金的渠道，也为从事轻工业为主的乡镇企业的发展提供了充足的原材料资源和产品销售市场。（3）在农村经济体制率先改革的初期，城市经济体制改革相对落后，以国有企业为主的传统经济体制并没有形成市场化的预算硬约束，也没有形成和乡镇企业对资金、原材料和产品市场的竞争。（4）乡镇企业的发展与国家对它的肯定和支持是分不开的。早在1979年，国家就肯定了社队企业的积极作用，并在国家政策上给予很大的支持和鼓励。进入80年代，国家又出台了一系列的法律、法规和政策措施来促进乡镇企业的发展。1984年3月，国务院《转发农牧渔业部〈关于开创社队企业新局面的报告〉的通知》为乡镇企业的迅速崛起发挥了重要而积极的推动作用。1986年国家开始实施"星火计划"，1987年国家开始建立乡镇企业试验区等等，这一系列政策措施都直接改善了乡镇企业发展的政策环境。

　　1984—1988年间，是我国乡镇企业的起飞阶段。全国乡村企业和个体联户企业的总产值，分别年均递增31.3%和71.9%，乡镇企业，尤其是其中的个体、联户企业，在总体上显示出了较为强劲的发展势头。从1988年第四季度开始，国民经济进入了持续3年的治理整顿时期。在此期间，乡镇企业一度面临着较为不利的政策环境或政策歧视，甚至面临着一定的风险。尤其是个体联户企业的增长势头受到明显的抑制，增长速度大大放慢。[88]1988—1991年，全国乡村（集体）企业的单位数减少了9.3%，总产值年均仅递增21.0%。1992年，邓小平南方谈话和党的十四大的召开，为乡镇企业的全面迅速发展提供了空前良好的外部政策环境，乡镇企业的发展进入了一个政策全面开放、经济持续增长的新时期。值得注意的是，1996年之前，由于面临着一个经济高速增长的宏观环境，整个乡镇企业的发展势头也较为强劲。1992—1996年5年间，全国乡镇企业个数年均增加了4.12%，从业人数年均增加7.04%，实现的利润总额年均递增43.02%，实缴税金年均增加33.08%。[89]自1997年开始，国务院要求围绕环境保护，以污染治理为重点，关停"五小"和"十五小企业"。在这项政策的执行过程中，出现了"一刀切"的问题，镇企业的绝对数量趋于下降，总产值呈现了缓慢增长的态势，从业人数也徘徊不前。与此同时，乡镇企业开始了较大规模的产权改革和结构性产业调整。一直到2004年，乡镇企业才恢复了快速增长的局面。2004年以来的数据表明，在规模以上的工业企业中，乡镇企业同样扮演了重要的角色，曾经以中小企业为主的乡镇企业已经开始朝着规模化、集约化的方向迅速发展了。

改革开放40余年来，乡镇企业迅速崛起，成为国民经济中最活跃的生长点和提高国民经济效率的最积极的力量之一。乡镇企业的发展提高了农村经济对于国民经济的参与度，对推动农村剩余劳动力的转移和传统农业的改造、促进农村资源的优化流动和合理配置、实现中国经济二元结构的转变和中国城市化的发展以及对中国整个经济的现代化进程，都发挥了并且正在继续发挥着举足轻重的、广泛而深刻的影响。乡镇企业的发展还拓宽了农民的收入来源渠道，改善了农民的收入结构，推动了农村市场的扩大，促进了国民经济的发展。在中国农村经济乃至整个国民经济的发展和运行中，乡镇企业已经成为必须重视的重要组成部分和不可或缺的重要支撑力量。[90]

4.2.2 乡镇企业在发展中遇到的问题

（1）乡镇企业自身的矛盾和运行机制中的问题不断积累。随着乡镇企业规模的扩大和产品市场的激烈竞争，乡镇企业的产权关系不清晰，内部管理制度滞后和创新意识薄弱等问题越来越突出。除了少数企业成功地进行了产权结构和管理组织结构的调整，成长为能够面向全国大市场和国际市场、产品科技含量高、竞争力强的名牌企业、骨干企业外，相当多的乡镇企业出现了竞争能力和劳动力吸纳能力减弱、增长速度回落、经济效益下滑、亏损问题加重、出口增长明显放慢、融资形势日益严峻等严重问题。

（2）乡镇企业布局的分散化制约了乡镇企业的发展。由于乡镇企业的产生与发展在当时国家对农村人口"就地消化"的方针下，导致乡镇企业布局分散化，"村村冒烟、户户点火"是乡镇企业发展的主要写照。乡镇企业布局的分散化产生的消极影响是企业无法形成规模效应，同时还产生了一系列的社会问题和环境问题。乡镇企业的高度分散，使企业难以获取最新的市场信息，并从城市工业的辐射效应中获得企业发展所需的资本、技术和人才，降低了企业的竞争力，制约了乡镇企业规模的扩大，难以促进乡村社区公共设施的建设和相关产业的发展。同时，乡镇企业的分散布局，造成了生产资源的极度浪费，并占用大量耕地。2005年，国土资源部专项调查表明，1996年至2004年全国耕地减少了1亿亩，乡镇企业人均职工用地对城市职工多出3倍以上。最后，乡镇企业的分散布局还严重影响到企业周边生态环境的可持续发展。

4.2.3 乡镇企业的转型升级

我国乡镇企业在20世纪80年代的快速发展，在很大程度上得益于当时国内市场供不应求的失衡状况。随着乡镇企业的不断发展，农村工业化已经进入到了一个调整期，面临着环境问题突出、资源浪费严重、土地成本提高、管理方式落后、市场竞争激烈等问题，部分企业的经营出现了困难，企业的转型升级迫在眉睫。2002年，农业部发布了《大中型乡镇企业建立现代制度规范》，指导以产权制度为核心的乡镇企业改革。中国的乡镇企业体制和机制不断创新，混合型企业和个体私营企业正成为增长的主体，2005年，混合型企业和个体私营企业创造的增加值占整个乡镇企业的90%以上[91]。

进入新时代，乡村振兴战略的提出为乡镇企业的发展提供了巨大的空间。2017年中央农村工作会议提出："走中国特色社会主义乡村振兴道路，一是必须重塑城乡关系，走城乡融合发展之路。""加快形成工农互促、城乡互补、全面融合、共同繁荣的新型工农城乡关系。"2022年中央"一号文件"《中共中央国务院关于做好二〇二二年全面推进乡村振兴重点工作的意见》明确提出："促进农民就地就近就业创业"，"推进返乡入乡创业园建设"，"支持农民直接经营或参与经营的乡村民宿、农家乐特色村（点）发展"，"深入推进'万企兴万村'行动"。曾经在夹缝中生存、积累了生存发展历史智慧和宝贵经验的乡镇企业，在国家政策、资金、人才等政策的支持下，从拓宽自身发展领域、创新人力资源管理模式、提升乡镇企业自身发展技术等方面着手，实现了可持续发展。对于新时代推动农村产业融合发展，促进乡村产业兴旺乃至乡村全面振兴，增进农民收入，起到了重要作用。[92]

4.3 撤乡并镇及其绩效分析

4.3.1 改革以来撤乡并镇的情况

在政社分设过程中，按《宪法》规定由"省、直辖市的人民政府决定乡、民族乡、镇的建置和区域划分"，省级政府是建立乡政权的实际操作者，因而，地方具有较大的"操作空间"和灵活性。自此，乡镇纷纷设立。新建乡的规模普遍较小，建制镇的数量猛增，行政村和村民组则划分零散。到1985年，全国建立了79 306个乡、3 144个民族乡和9 140个镇。据估计，1985年全国有9万多个乡镇。[93]结合《关于加强农村基层政权建设工作的通知》要求，自1986年开始，"撤并乡镇"就已经在全国推行。仅1986年，全国乡镇数量就比上年减少了19 618个。1986—1996年，"各地农村掀起了一股'撤乡并镇、并村'的基层社会管理体制改革风暴"，根据1996年农业普查的数据，1996年全国乡镇数量为43 112个，比1986年减少了28 409个，行政村的数量也减少了接近10万个。[94]

之后，我国的撤乡并镇工作在乡镇机构改革和农村税费改革的影响下速度有所加快。从1998年开始，我国进行了大规模的撤乡并镇工作，进入21世纪，乡镇撤并进一步受到重视。中共中央、国务院在《关于做好2001年农业和农村工作的意见》和《国民经济和社会发展第十个五年计划纲要》中均提出适度撤并乡镇。2004年中央"一号文件"要求："进一步精简乡镇机构和财政供养人员，积极稳妥地调整乡镇建制，有条件的可实行并村，提倡干部交叉任职。"《中共中央关于制定国民经济和社会发展第十一个五年规划的建议》中提出，要"巩固农村税费改革成果，全面推进农村综合改革，基本完成乡镇机构、农村义务教育和县乡财政管理体制等改革任务"。响应中央的号召，同时也出于地方经济发展考虑，各地都对撤乡并镇并村采取积极态度。云南省于2004年8月做出决定，到2005年年底全省乡镇总数在原有基础上减少15%左右。四川成都市2004年9月开始进行乡镇行政区划调整，短期内将乡镇数目由316个减少为240个，调整比例达到24.1%。浙江省温州市做出了"人口达不到500人的小村庄一般都予以撤并"的决定。根据民政部公布的数据，2005年年底，全国乡镇总数为35 473个，比1996年乡镇数量减少接近1万个。2006年，全国乡镇总量进一步下降，为34 675个，比上年减少798个，截至2006年年底，我国有29个省份基本完成撤乡并镇工作，撤乡并镇工作接近尾声。[95]

4.3.2 撤乡并镇的绩效评价

为了推进乡村的城市化进程、节约行政开支，全国开展了撤乡并镇的实践工作。事实证明，撤乡并镇在转移农村剩余劳动力、扩大小城镇规模、完善农村经济结构，以及推进乡村的城市化进程等方面产生了积极的影响，但也带来了新的矛盾和问题。撤乡并镇工作的积极效应主要体现在以下两个方面。

（1）撤乡并镇有利于农村空间结构的优化。乡镇撤并可以改变小城镇建设设点过密、规划不合理、建设资金分散、基础设施重复建设、整体效益低下的状况，减少社会事业布点过多、形不成规模等弊端，有利于集中财力，促进中心集镇和小城镇的建设，优化小城镇的布局。撤乡并镇增加了居民的集中度，使小城镇的规模不断扩大，有利于基础设施水平的提高、服务功能的完善、投资环境的优化、土地等资源的统一规划和调配，增强对资金、人才、技术的积聚效应，加快农村劳动力的转移，提高农民收入，缩小城乡差距。到2005年年底，全国平均每个建制镇拥有3.8万人，比2000年增长15.1%；每个镇的财政收入达2 211万元，比2000年增长130%；每个小城镇拥有企业520个，每个镇拥有企业从业人员数达5 444人，比2000年增长了35%；每个镇拥有外来人口2 459人，比2000年增长了10.5%。全国建制镇通电行政村达99.5%，通邮行政村达97.8%，通自来水的行政村比例达57.3%，通有线电视的行政村达60.%。99%的小城镇拥有医院或卫生院，95%的小城镇拥有汽车站或站点。[96]

（2）撤乡并镇有利于精简机构，提高效率，减轻农民负担。撤乡并镇以后，使行政机构由原来的两套班子减至为一套班子，人员几乎缩减为原来的一半。而且人员减少后，每人各负其责，可以杜绝人浮于事的情况。人员采取竞争上岗的方式，也增加了工作人员的积极性，有利于提高工作效率，提高乡镇行政管理水平。

但是，撤乡并镇并村也可能发生一些消极后果，主要体现在以下两个方面。

（1）撤乡并镇后，新镇区所辖地域面积扩大，乡镇干部很难深入基层，一些偏远山村更是"山高皇帝远"。乡镇领导主要重视的是中心镇周围村落的发展与管理，而边缘地区，特别是距离中心镇较远的村落，在资金获取、基础设施建设、农业技术服务、农村医疗服务等方面会受到冷落，逐渐地走向边缘化。另外，乡镇不仅担负政权管理职能，还担负着集聚资源的功能。乡政府所在地往往是该乡的经济、政治和文化中心，该乡撤并以后，势必也会影响到原有镇区的经济发展，该集镇中心的经济活动一般会有所减弱，一些基本设施也会闲置，辖区农村经济的发展和其他工作的开展一定程度上也会受到影响。在农村的基础设施还不健全、交通工具比较落后、获取信息的渠道非常有限的情况下，行政建制的撤销，再伴随学校、医院、邮局、防疫、金融等单位的撤并，会造成那些本来就很偏远的乡村被社会遗忘，群众更加难以共享发展的成果。

（2）撤乡并镇主要是政府为了节约行政成本，"自上而下"所采取的一种改革措施。在具体实施的过程中，被撤销的乡驻地以及中心城镇的选择都取决于当地政府官员的喜好，没有经过专业的论证，没有听取当地农民的意见，存在着很大的盲目性。片面地追求乡镇数量的减少，而忽视了乡镇体制改革的推进程度以及所确立的中心城镇对周边地区的辐射程度。

4.3.3 撤乡并镇的完善与发展

1986—2003年，乡镇行政区划调整为"前半篇"，主要是通过撤乡设镇等手段调整数量，形成数量上的物理变化，培育了一大批建制镇，逐步建立并完善国家城镇体系。2003年之后，乡镇行政区划调整进入"后半篇"，通过推动各类要素在空间上的合理流动和高效集聚，做大做强中小城镇，提高城镇发展质量。[97]撤乡并镇由"物理合并"到对乡村振兴产生"化学反应"，得益于以下几个方面的改革。

一是行政区划管理制度的完善。针对行政区划管理领域过去长期存在的随意性大、规范性不强等问题，2018年国务院出台了《行政区划管理条例》，对行政区划管理的原则与方针、变更程序与权限、设置与标准、监督与管理以及追责机制做出了具体、系统的规定，提高了行政区划工作的法治化水平。

二是城镇管理和服务功能的完善。撤乡并镇之后，国家开始把工作中心转移到完善城镇功能、提高城镇管理和服务能力上。特别是党的十八大以来，出台了一系列的政策和文件，促进新型城镇化建设。2016年，国务院印发《关于深入推进新型城镇化建设的若干意见》（以下简称《意见》）。该《意见》提出，要积极推进农业转移人口市民化、全面提升城市功能、加快培育中小城市和特色小城镇、辐射带动新农村建设。2022年，《"十四五"城乡社区服务体系建设规划》从完善城乡社区服务格局、增强城乡社区服务供给、提升城乡社区服务效能、加快社区服务数字化建设、加强城乡社区人才队伍建设等方面做出安排部署，明确了城乡社区综合服务设施覆盖率等7个方面的主要指标。

三是城镇产业功能的强化。新型城镇化需要强化产业功能的支撑，把城镇化与调整产业结构、培育新兴产业、发展服务业、促进就业创业结合起来。国家发改委发布的《2022年新型城镇化和城乡融合发展重点任务》，依旧把促进特色小镇规范健康发展作为重点任务。截至2021年，国家住建部公布的第一、二批特色小镇共403个，其中第一批127个，第二批276个。从人口规模来看，人口数量超100万的特色小镇有32个，人口数量超20万的特色小镇有6个。[98]

4.4 社会主义新农村建设及其绩效分析

4.4.1 社会主义新农村建设的情况

进入21世纪后，我国农村工业化、城镇化步伐加快，农业、农村经济发展，农民收入增幅提高。但与城市日新月异的发展相比，我国农村还存在着巨大的差距。农业基础不稳、农民收入增长缓慢，农村发展长期滞后成为制约我国经济发展的关键因素。因此，促进"三农"问题的解决，缩小城乡之间的差距已经成为我国当前的主要任务。我国已进入工业化中期阶段，已经有了一定的资金、技术积累，为工业反哺农业，城市带动农村创造了有利的条件和历史机遇。党的十六届五中全会提出了推进社会主义新农村建设的历史任务，这是党中央统揽全局、着眼长远、与时俱进做出的重大决策，是一项不但惠及亿万农民，而且关系国家长治久安的战略举措，是我们在当前社会主义现代化建设的关键时期必须担负和完成的一项重要使命。2005年，《中共中央国务院关于推进社会主义新农村建设的若干意见》指出："全面建设小康社会，最艰巨最繁重的任务在农村。加速推进现代化，必须妥善处理工农城乡关系。构建社会主义和谐社会，必须促进农村经济社会全面进步。农村人口众多是我国的国情，只有发展好农村经济，建设好农民的家园，让农民过上宽裕的生活，才能保障全体人民共享经济社会发展成果，才能不断扩大内需和促进国民经济持续发展。"

党的十六大以来，国家提出并完善了一系列具体的政策措施，它们是我国新农村建设政策的基石。其主要内容有下以几点。

（1）农村土地政策。稳定土地承包制度，继续实行家庭联产承包责任制。强调在承包期内"三权自主"，即农户对承包的土地有自主使用权、收益权和流转权，有权依法自主决定承包地是否流转和流转形式。土地征用上确保基本农田总量不减少，质量不下降，用途不改变，并落实到地块和农户。搞好乡（镇）土地利用总体规划、村庄和集镇规划，引导农户和农村集约用地，加强集体建设用地和农民宅基地管理，鼓励农村开展土地整理和村庄整治，推动新办乡村工业向镇区集中，提高农村各类用地的利用率。

（2）农村经济政策。农村的经济政策主要包括农村的财政、金融政策，粮食生产政策、基础设施政策和支持农民专业合作组织发展的政策。

在农村财政政策方面，加大农村税费改革的力度，2006年全面取消了农业税。积极运用税收、贴息、补贴等经济杠杆，鼓励和引导各种社会资本投向农业和农村，进一步加大对贫困地区的财政转移支付力度，继续增加"两减免、三补贴"的力度。

在农村金融政策方面，改进和加强农村金融机构的支农服务工作，支持多种所有制金融组织的发展，鼓励政府出资各类担保机构开拓符合农村特点的担保业务。

在粮食生产政策方面。国家通过贷款、贴息补助、税收政策等手段支持粮食的生产、加工和流通体系的建设，提高粮食的产量，提高其附加值。

在基础设施建设方面，增加支持农业结构调整和农村中小型基础设施建设的投入，进一步增加节水灌溉、人畜饮水、乡村道路、农村沼气、农村水电、草场围栏等"六小工程"的投资规模，扩大建设范围。各地开展雨水集蓄、河渠整治、牧区水利、小流域治理、改水改厕和秸秆气化等各种小型设施建设。创新和完善农村基础设施建设的管理体制和运营机制,继续搞好生态建设,实施天然林保护、退耕还林还草和湿地保护等生态工程。

在支持农民专业合作组织发展方面,为提高农民专业合作组织经济实力和服务能力,充分发挥对农民的带动作用,2005年中央"一号文件"要求"一步支持农民专业合作组织发展,对专业合作组织及其所办加工、流通实体适当减免有关税费"。

(3)农村社会发展政策。主要包括农村的教育政策和社会保障政策。

在农村的教育政策方面。通过"两免一补"的方式对农村义务教育阶段贫困家庭学生予以支持;推进中小学布局结构调整,努力改善办学条件,重点加强农村初中和边远山区、少数民族地区寄宿制学校建设;发展农村高中阶段教育和幼儿教育政策,建立和完善教育对口援助政策,加强农村的成人教育政策,提高城市对农村教育的支持和服务政策。

在农村的社会保障政策方面。建立和完善新型农村合作医疗制度、医疗救助制度。2005年前,中央财政对中西部地区除市区以外的参加新型合作医疗的农民每年按人均10元补助,地方财政补助每年人均不低于10元。2006年中央、省级财政补助提高,由10元提高到20元。农村合作医疗制度以大病统筹为主,医药费报销比例也提高。完善扶贫开发机制政策。2004年起国家继续增加扶贫资金投入,扶贫到村到户。对丧失劳动能力的特困人口,要实行社会救济,适当提高救济标准。对缺乏基本生存条件地区的贫困人口,要积极稳妥地进行生态移民和易地扶贫。

4.4.2 社会主义新农村建设的绩效分析

4.4.2.1 社会主义新农村建设取得的成就

2005年中央做出新农村建设的重大战略部署以来,新农村建设在实施过程中,开局良好,取得了喜人的成绩。主要表现在以下几个方面[99]。

(1)经济建设方面。农村经济运行态势良好,生产力水平有所提高,农民收入增加。到2006年,农村的农林牧渔各业得到全面发展。粮食总产、单产连续3年双增,为改革开放以来的第二次。主要经济作物和畜产品、水产品产量均创历史最高纪录。另外,经济作物结构继续调整,畜牧业生产平稳发展,农林牧渔业总产出稳定增长。与此同时,乡镇企业保持较快增长,质量和效益稳步提升。农村生产力水平的提高,促进了农民收入增长，越来越多的人脱离了贫困。2006年，农民人均纯收入达到3 587元，实际年增长率自1997年以来首次超过7%，达到7.4%。农民增收主要来源于工资性收入增长，其中外出务工收入人均554元。农村常住户中外出务工人数比上年增加530万人，增长5.3%。[100]

（2）民主建设方面。广大农村地区都加快了民主建设的进程，积极转变行政单位的职能，完善村民会直选制度，推动村务公开透明化，建立健全党组织领导下的村民自治机制。村民积极地参与村委会的选举工作，村务也朝着公开化和透明化的方向发展，许多地方还积极的探索"一事一议"制度。伴随着民主进程的推进，法治建设也得到了发展，目前，农村的治安状况良好，社会和谐稳定。

（3）社会事业方面。根据《2007年国务院政府工作报告》，2006年，西部地区和部分中部地区实行农村义务教育"两免一补"，平均每学年每个小学生减负140元、初中生减负180元。2007年，这一政策在全国普遍实行，1.48亿农村义务教育阶段中小学生享受了真正意义上的免费教育。强力实施义务教育和对农民开展技能培训后，农村人口的素质明显提高。新型农村合作医疗服务也取得了重大突破，新型农村合作医疗试点范围扩大到1 451个县（市、区），惠及4.1亿农民，补助标准也大幅度提高，同时国家还支持改造了5 436所乡镇卫生院和672所县医院、县中医院、县妇幼保健机构，改善了农村卫生条件。农村最低生活保障制度开始建立，有25个省（区、市）、2 133个县（市、区）初步建立了农村最低生活保障制度，1 509万农民享受农村最低生活保障。

（4）基础设施建设方面。首先，农村水利、道路、电力、通信等基础设施建设得到加强，农民的生产生活条件得到改善。根据《第二次全国农业普查主要数据公报》，2006年年末，95.5%的村和82.6%的自然村通公路，进村公路路面以水泥路面居多，25.0%的村地域内有车站或码头，81.9%的乡镇已经完成农村电网改造，98.7%的村通电，98.3%的自然村通电，97.6%的村和93.7%的自然村通电话，81.1%的乡镇有邮电所。其次，卫生医疗设施进展显著，98.8%的乡镇设立了医院、卫生院，66.6%的乡镇建有敬老院，74.3%的村设有卫生室，76.1%的村有行医资格证书的医生，16.3%的村有行医资格证书的接生员。再次，文化事业和文化设施发展迅速。国家统计局数据显示，2006年年末，10.8%的乡镇有职业技术学校，11.7%的乡镇有公园，71.3%的乡镇有广播、电视站，97.6%的村能接收电视节目，57.4%的村安装了有线电视，30.2%的村有幼儿园、托儿所，10.7%的村有体育健身场所，13.4%的村有图书室、文化站，15.1%的村有农民业余文化组织。最后，新农村建设的改水、改厕、改路工程实施后，大部分农村的村容变得整洁清爽起来。

4.4.2.2 社会主义新农村建设中存在的问题

（1）忽视了城市对农村的带动作用。虽然社会主义新农村建设提出了"以工带农，以城带乡"的口号，但是在具体的实践过程中，并没有把城市和农村的发展综合起来考虑，而是片面地强调对农村的支持和投入，而忽视了城市对农村的辐射和带动作用。首先，地方政府往往会单独地制定城市规划或者是乡村规划，而很少把两者统一起来，制定出切实可行的城乡规划。其次，在基础设施建设中，没有一个清晰的建设城乡基础设施网络、城乡信息网络的框架，很多基础设施的建设是凌乱的、随意的。最后，城市之间、城乡之间、乡村之间没有形成很好的分工，区域之间、城乡之间是孤立的、隔离的。

（2）忽视了农民的主体地位。政府在新农村建设的实践中，既充当了主导作用，谋划部署、统筹安排，而同时又充当了主体作用，蓝图构建、方案实施、经费使用等都只由政府操办。大多数农民对新农村建设的认识非常模糊，参与新农村建设的积极性不高。

（3）忽视了新农村建设的长期性和复杂性。社会主义新农村建设是一个具有长期性、复杂性、艰巨性的任务，而有些地方则把新农村建设当作短期目标来部署，把新农村建设等同于"新村"建设。只注重抓试点、抓典型，把有限的人力、物力、财力都投向试点，不注重建立农民收益的长效机制。

4.4.2.3 社会主义新农村建设的启示

（1）重视各类城市对农村的带动作用，推进城乡一体化的进程。城乡关系是一种特殊的区域关系，新农村建设的初衷正是为了缩小农村地区和城市地区社会经济发展的差距。城乡差距的缩小需要用城乡统筹发展的思维去解决，把城市和农村的发展统一起来，而不是孤立地促进农村的发展。要充分利用已有的城镇网络基础，完善城镇的功能，促进大中小城市、小城镇和乡村的分工和专业化，更好地实现工业反哺农业、城市带动农村，以较少的成本和更高的效率建设新农村。

（2）要认识到了新农村建设的长期性和复杂性，建立促进农民收入增长的长效机制。要推动农村地区社会事业的发展，使农村地区的居民获得更加公平和充分的发展机会。要对农村地区的道路、通信等公共领域进行投资，建立和完善城乡之间的交通网络和通信网络，加快制度创新的进程，变革城乡分割的制度壁垒。要降低城乡之间的交易成本，促进城乡之间的要素流动。要认识到农民在新农村建设中的主体地位，赋予他们知情权、参与权和否决权，调动农民在新农村建设中积极性。

4.4.3 党的十八大以来的脱贫攻坚与乡村振兴

4.4.3.1 脱贫攻坚是实现"全面小康"的有力手段

2012年，党的十八大将"全面建设小康社会"调整为"全面建成小康社会"，全面建成小康社会，最突出的短板是三农。农业仍然是经济社会发展的薄弱环节，农村仍然是全面建成小康社会的难点和重点，促进农业农村发展任务紧迫而重大。习近平总书记对于农村的小康建设工作非常重视，2012年12月7日至11日，他在广东考察工作时曾指出："没有农村的全面小康和欠发达地区的全面小康，就没有全国的全面小康。"全面建成小康社会，标志性的指标是农村贫困人口全部脱贫、贫困县全部摘帽。党的十八大以来，党中央把脱贫攻坚作为全面建成小康社会的底线任务和标志性指标，做出一系列重大部署，不断取得决定性成就。

4.4.3.2 实施脱贫攻坚成效非常显著

党的十八大以来，以习近平同志为核心的党中央把脱贫攻坚摆在治国理政的突出位置，把脱贫攻坚作为全面建成小康社会的底线任务，以精准扶贫、精准脱贫为基本方略，组织开展了脱贫攻坚人民战争。经过八年接续奋斗，农村贫困人口全部脱贫，绝对贫困得以消除，区域性整体贫困得到解决，脱贫攻坚战取得全面胜利。

农村贫困人口全部脱贫。2013—2020年，全国农村贫困人口累计减少9 899万人，年均减贫1 237万人，贫困发生率年均下降1.3个百分点。贫困人口收入水平显著提高，"两不愁三保障"全面实现。国家脱贫攻坚普查结果显示，中西部22省（自治区、直辖市）建档立卡户全面实现不愁吃、不愁穿，义务教育、基本医疗、住房安全有保障，饮水安全也有保障，脱贫攻坚战取得了全面胜利。[101]

区域性整体减贫成效显著。一半以上农村减贫人口来自西部地区。分地区看，2013—2020年，西部地区农村贫困人口累计减少5 086万人，减贫人口占全国减贫人口的51.4%，年均减少636万人；中部地区农村贫困人口累计减少3 446万人，减贫人口占全国减贫人口的34.8%，年均减少431万人；东部地区农村贫困人口累计减少1 367万人，减贫人口占全国减贫人口的13.8%，年均减少171万人。[101]

4.4.3.3 脱贫攻坚与乡村振兴实现有效衔接

脱贫攻坚工作取得胜利后，"三农"工作重心从脱贫攻坚向乡村振兴转移。2018年中央"一号文件"确定了实施乡村振兴战略的目标任务：到2035年，乡村振兴取得决定性进展，农业农村现代化基本实现。到2050年，乡村全面振兴，农业强、农村美、农民富全面实现。2020年中央农村工作会议提出，随着农村工作重心的转移，要大力支持脱贫攻坚成果，要把脱贫攻坚与乡村振兴衔接好。2021年"中央一号文件"提出，自脱贫之日起，设立5年过渡期，以实现脱贫攻坚向乡村振兴平稳过渡。在党的十九大报告中，明确要求"实施乡村振兴战略"，要按照产业兴旺、生态宜居、乡风文明、治理有效、生活富裕的总要求，建立健全城乡融合发展体制机制和政策体系，加快推进农业农村现代化。

2018—2022年，乡村振兴工作实施五年来，取得了明显成效，主要体现在五个方面，即粮食产能稳步提升，脱贫攻坚成果得到巩固，富民乡村产业持续壮大，农村生产生活条件明显改善，乡村治理效能稳步提升。乡村振兴中，人才振兴是基础，产业振兴是重点。在农业农村优先发展的政策指引下，一大批政治强、素质高、懂技术的选调生、科技特派员等优秀干部人才选择下沉一线，用自己的专业知识，撬动农村产业发展。拿科技特派团来说，中组部会同农业农村部、科技部等多部门，以"一县一团"方式，向160个国家乡村振兴重点帮扶县选派1 500多名专家型科技支撑人才，精准开展科技服务和人才培养传帮带。[102]在政策、人才和技术的多重催化下，乡村产业发展迅速。一是农产品加工流通业加快发展。加工转化率达到70.6%，农产品加工产值与农业总产值的比值提高到2.5，新增5万多个产地冷藏保鲜设施。二是农文旅深度融合发展。全国休闲农庄、观光农园等休闲农业经营主体达到30多万家，年营业收入超过7 000亿元。三是农村电商蓬勃发展。各类涉农电商超过3万家，农村网络零售额超过2万亿元，直播带货等新业态不断涌现。四是乡村特色产业传承发展。累计认定全国"一村一品"示范村镇3 673个，遴选推介乡村特色产品2 438个、乡村工匠662个，创响了一批"乡字号""土字号"特色品牌。[103]

4.5 本章小结

本章回顾了改革开放以来，试图促进农村经济发展，缩小城乡收入差距的几种尝试，包括农村家庭联产承包制、乡镇企业的发展、撤乡并镇、社会主义新农村建设。研究表明，这些尝试在打破城乡之间阻隔、促进城乡融合的同时，提高了农业的生产力，促进了农村的发展。因此，城乡之间的协调发展需要形成一个综合考虑城市和农村、工业和农业、政府主导作用和农民主体地位的综合机制。

随着经济和社会的发展，改革一直在不断地推进，继家庭联产承包责任制后，"三权分置"成为我国农村基本经营制度的又一次制度创新，奠定了实现农业农村现代化和乡村振兴的土地制度基础。乡镇企业的转型升级对于新时代推动农村产业融合发展，促进乡村产业兴旺乃至乡村全面振兴，增进农民收入，起到了重要作用。乡镇管理和服务功能的完善，实现了对乡村的精细化治理，同时也为乡村居民提供了更加便捷周到的服务。党的十八大以来的脱贫攻坚与乡村振兴战略，使农村贫困人口全部脱贫，"产业兴旺、生态宜居、乡风文明、治理有效、生活富裕"的乡村振兴目标正在逐步实现。

5 退出城乡协调闭锁状态的途径：依托城镇网络发展

城乡协调闭锁状态的退出，有赖于一个综合考虑工业与农业、城市与农村协调发展的综合机制的建立，一个可行的思路是：充分利用现有的城镇网络，不断增强城镇对农村的带动和农村对城市的促进作用，形成城乡互动、融合发展的局面。

5.1 依托城镇网络退出城乡协调闭锁状态的设想

在以往的区域经济增长理论中，我们更突出的是城市作为增长极的作用，而农村作为落后的地区，仅仅被看作是一个"从动轮"，只能被动地依赖城市的扩散和滴流效应。事实证明，这种明显带有"城市偏向"的增长极模式不仅不利于农村的发展，对城市经济的发展也有很强的抑制作用。

本书设想用网络型的发展模式来代替增长极的发展模式，网络型的发展模式不再试图把单一的大城市建成巨大的区域综合中心，把区域的发展限定在依靠中心区的工业分散效应来带动上。而是认为城镇和农村同等重要，区域的发展是数目众多的各层级城镇以及其周围的腹地农村共同作用的结果。城乡经济增长的源泉可能来自农村，也可能来自城市，城镇的发展可以带动周边农村的发展，农村的繁荣同样也可以成为城镇经济增长的动力。城镇以及它们周边的腹地，每一个空间主体都根据其资源禀赋和经济基础，找出其比较优势，进行专业化的分工和协作，城市之间、城乡之间、乡村之间关系朝着横向性、互补性和互惠性的方向发展。增长极模式和网络型发展模式的区别可以由表5-1来表示。

表5-1 增长极与网络发展型模式的异同点

项目	增长极模式	网络型模式
比较	中心性	节点性
	规模相关性	规模中立性
	主从服务倾向	弹性与互补倾向
	均质商品与服务	异质商品和服务
	垂直可达性（主干路的建设）	异质可达性（交通网络建设）
	要素单向流动	要素双向流动
	空间竞争	空间的竞争与合作
	外在力量主导的协调	城乡自组织协调

网络型发展模式的中心含义是，在一定地域内城乡之间网络设施完备、市场机制和政府行为共同作用的前提下，以城镇网络作为加强城乡交流、区际交流，消除我国城乡二元结构，实现城乡协调发展的有效载体。通过优化城乡之间的空间布局，完善城镇的功能，促进城市、次中心、城镇和乡村的分工和专业化。伴随经济活动的聚散和职能分工，带动社会活动在地区间的交流与合作，使城乡要素流动在市场机制和政府行为的共同作用下趋向合理化和规范化。城乡之间的要素流动越通畅，城乡区域经济整体的有机程度越高，则整体的组织化程度就越高。随着一定地域内城乡之间网络设施的完备、产业内在联系的密切、要素流转的通畅、组织功能的完善，城、镇、乡网络演化成共生共长的自组织协调空间系统[3]，如图5-1所示。

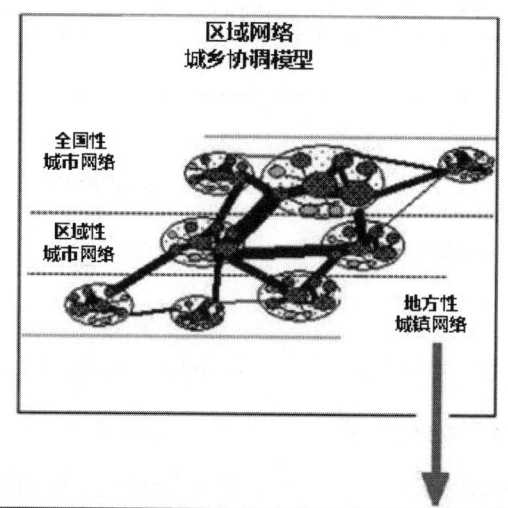

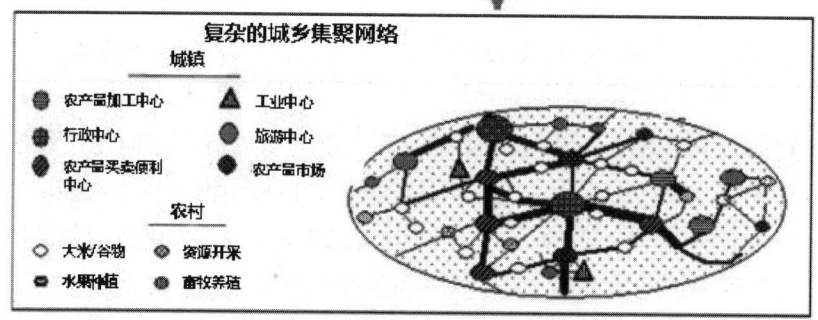

图5-1 依托城镇网络的城乡协调模型

5.2 依托城镇网络退出城乡闭锁状态的原因

选择依托城镇网络发展作为退出城乡闭锁状态的途径，主要有以下几个原因。

5.2.1 有利于降低城乡系统的运行成本

以城镇网络为载体，退出城乡闭锁状态的选择，有利于降低城乡系统运行的成本。首先，通过建立合理的大中小城市网络体系，实行功能分工和联系，网络型的城镇化模式有利于降低城市化的成本，既可以避免大城市发展战略下的过度集中和不良竞争，又可以避免"天女散花"式的小城镇无序发展所导致的过度分散和浪费。其次，以城镇网络为依托，促进城乡协调发展，有助于城市之间、城乡之间、乡村之间实现交通、通信等基础设施和教育、医疗等公共产品的共享，提高公共产品的使用效率，降低公共产品的供给成本。最后，以城镇网络为依托的城乡发展模式，有利于加强城乡之间的相互交流和联系，促进城乡之间的分工和专业化，实现产业的集群化和企业的规模化经营。而产业的集群化和企业的规模化经营所形成的范围经济和规模经济，有利于企业降低生产成本。

5.2.2 有利于提高城乡系统的运行效率

一个特定的城乡空间经济系统总是一个有限的空间系统。作为一个有限的地域空间，在市场、资源、产业和技术等要素及其功能上总是表现出相对的不完全性，包括资源要素的有限性、商品供需的不对称性和区位条件的双重性。为了自己的存在和发展，系统必须对外开放，并与外界进行物质、能量和信息的交换。以城镇网络为依托的城乡系统有利于城市化进程中要素的自由流动和资源的有效配置。在市场机制和政府有效干预下，在现代化的城乡关联设施的保障条件下，各种城乡要素在网络化系统中可得到合理流转和最优配置，促进区际互补和联动发展，提高城乡系统运行的效率。另外，在城乡之间的开放性和交流环境下，更容易通过思想、技术的碰撞生成创新因素，提高资源的使用效率。

5.2.3 有利于城乡系统由无序向有序的转化

以城镇网络为依托的城乡系统打破了城乡之间的封闭性，一个地区的城镇体系和城乡综合体绝非"点"的城镇、"线"的基础设施和"面"的农村区域的简单集合，城乡系统也不是简单的线性系统或因果系统，而是一个非线性的相互关联的有机整体。开放性是以城镇网络为依托的城乡化系统的固有特性，在开放性区域城乡系统中，无时无刻不与外界进行物质、能量、信息和人口等多要素的交流。在这种交流过程中，有可能产生负熵流。城乡系统在开放的条件下引入负熵流，可以抵消系统内部由于正反馈机制所产生的正熵流，在系统内部城乡协调关联度的变化达到一定的阈值时，通过涨落，系统可能发生突变即非平衡相变，由原来的混沌无序状态转变为一种在时间上、空间上或功能上的有序状态。

5.3 依托城镇网络退出城乡协调闭锁状态的可行性

5.3.1 城镇网络的初具规模

随着城镇化进程的不断推进，在不同地域范围内，由于城镇集聚能力、地理位置、经济基础与发展水平的差异，从而形成了多等级、多层次的空间特征。多层次的城镇中心也就形成了多层次的经济腹地以及多等级、多层次的网络结构。据城镇网络系统层次性特点和中国城镇网络结构实际，中国的城镇网络系统可分为全国性、区域性和地方性三种类型。[104]

（1）全国性城市网络。从定性和定量相结合的角度分析，全国性城市网络系统的城市节点应是国家的中心城市，网络干线应是沟通中心城市并构成大区经济要素流动的主要通道。从陆运和空运两大系统分析，北京、广州和北京上海无疑是全国性城市网络的最重要构成部分。联系这三大中心城市的国家航空运量约占全国的60%，京广和京沪铁路的货流和客流几乎占全国总货流、总客流的50%。此外，从民航客流、总客流的流量看，全国性城市网络还应包括东北的沈阳、哈尔滨；华东地区的南京、杭州和福州；华中和华南地区的武汉、南宁和深圳；西南地区的成都、重庆和昆明；西北地区的西安、兰州和乌鲁木齐等城市。民航与京九、京哈、京沪、沪杭、鹰厦、京广、湘桂、宝成、成昆、陇海和兰新等国家铁路干线相结合，共同构成了全国性城市网络系统。全国性城市网在华北、华东和中南地区比较发达，与毗邻的西安、重庆和成都等核心城市，共同构成了北京—上海—广州三角形网以及上海—武汉—南京—重庆—西安—成都—上海菱形网。这与全国信息流的强度分布基本一致。全国性城市网络系统还覆盖了西北和西南等广大地区。这片地区的城市网络呈分离结节和单链形式，尤其在西北的结节单链上，结点具有随距离的增加呈现逐渐衰减的特征。

（2）区域性城市网络。在中国城市网络系统中，还有一批区域性和次国家级的节点城市，并由这些次级节点城市构成区域性城市网络。通过考察省际大宗货物流量、流向以及客流走势，可以分为东北、华北、华东、中南、西北和西南六大区域性城市网络系统（表5-2）。

表5-2 中国区域性城镇网络分析

区域性城市网络系统	一级节点（核心城市）	二级节点（部分次级城市）	网络干线（铁路）	网络特征
东北	沈阳	大连、哈尔滨、长春、吉林	京哈线为枢轴	相对的完整性和独立性
华北	北京、天津	太原、石家庄、呼和浩特	京沈、京广、京包、津沪	网络区域完整
华东	上海	南京、杭州、济南、合肥、福州	津沪、沪杭	网络系统较完整
中南	郑州、武汉、广州、深圳、香港	长沙、南昌、南宁	京广、京九	主干网已形成
西北	西安、兰州、乌鲁木齐	（不发育）	陇海、兰新	（不明显）
西南	重庆、成都、昆明、贵阳	（不发育）	宝成、成昆、成渝、贵昆	（不明显）

（3）地方性城镇网络。这类网络系统的构成主体主要是地方性中小城市与农村小城镇，经济活动的地域范围大约覆盖几万平方千米，城镇之间社会经济活动的关联性和互补性较强，所依托的区域环境和发展条件具有较大的相似性。地方性城镇网络主要有两种基本形式：其一，以大城市为中心，中等城市为主体，小城市为依托，同郊区工业商业集镇、远郊卫星城镇相结合的以现代工业发展为主体的地方城镇网络。例如，以武汉为中心连接黄石、鄂州、孝感、仙桃、天门、荆州、荆门、襄樊和宜昌等中小城市的地方性城镇网络就是这类城镇网络。其二，以中小城市为核心，县城为主体，小城镇占有较大份额的地方性城镇网络。湖北西北和西南地区的小城镇网络属于这种类型。

5.3.2 城镇网络之间具有较强的空间自相关性

空间自相关是指同一变量在不同空间位置上的相关性，是空间域中聚集程度的一种度量。可以从全局空间自相关和局部空间自相关两个角度进行考察。全局自相关是用来测度变量在全部区域范围内空间相关的整体趋势的一个统计量，取值范围为$-1 \leqslant I \leqslant 1$，数值越大，空间自相关性越强。局部空间相关是用来测度变量在局部区域范围内相邻区域间相关性的一个统计量，其散点图可以用来考察存在不同位置区区域的空间关联模式。大量的研究表明，中国城市网呈现出一定的空间自相关性。

杨国安、甘国辉运用1985年和2001年各省区的城市数为样本数据，计算出全局空间自相关系数，结果显示：中国城市分布在空间上存在着较强的空间自相关性，并且随着时间的推移，空间自相关性在逐渐增强。[105] 吴玉鸣运用中国2000年各县域的人均GDP截面数据，采用空间计量经济学模型，对中国2 030个县域的增长集聚与差异进行了空间计量分析。结果表明，2000年中国2 030个县域之间存在着较强的空间集聚和空间依赖性。[106] 黄启才运用福建省1994—2005年的各县域的GDP、人均GDP和经济密度为样本数据，对福建省的县域经济相关性进行了研究，结果表明，从整体上看，县域经济发展水平在地理空间上具有明显的空间正相关性。[107]

中国城镇网络之间明显的空间自相关性，表明任何一个城市的形成和发展，不仅不能脱离区域内各个城镇的相互连接，而且还必须与区域外（包括国外）的城市发生联系。这种网络系统内外的联系和交流具有必然性，其中，客观因素源于各个城镇之间存在发展中的差异性和互补性。因此，一个地域性的城镇网络必须与其他地域性城镇网络发生网际联系，在关联发展中构成更大的地域性城镇网络，并由此形成一个更完整和更具开放性的网络系统。

5.3.3 城镇网络带动城乡发展初露端倪

20世纪70年代以后，国外就出现了城乡融合和城乡空间网络系统的理论与实践。欧洲高度发达的城市化呈现出一种"网络化"态势，亚洲多数发展中国家和地区开始推行"多中心城市化"和空间一体化的发展政策。日本的"第四全综"①和韩国的"第三次国土规划"，都突出了点（城镇）、线（网状基础设施）和面（农村区域）网络化发展的内容。这种发

---

① 全称为"第四次全国综合开发计划"。

展模式有利于通过分散城市化来加速农村的发展，也有利于建立一个相互连接的城乡空间网络系统。

从国内来看，中国已建成七大城市群，包括南方的长三角城市群、粤港澳大湾区、成渝城市群和长江中游城市群及北方的京津冀城市群、中原城市群和关中平原城市群。相关报告显示，中国国内生产总值约70%来自七大城市群，经济规模显著。以长三角地区为例，其以三省一市为中心，构建起包含41个城市的大规模城市群，创造出中国近1/4的经济总量，是中国经济发展最活跃、开放程度最高、创新能力最强的区域之一。该地区明显表现出城市群建设的经济集聚效应。[108]随着城镇化进程的加快，长江三角洲和和珠江三角洲已经出现了以城镇网络为载体，加快基础设施建设，强化城镇功能，促进城市间、城乡间合理分工与合作的局面，很多地区周围村镇与城区的联系密切，城乡差距越来越小，已经出现城乡融合发展的趋势。

5.4 依托城镇网络退出城乡闭锁状态的保障

5.4.1 交易效率的提高

城乡闭锁状态的退出有赖于城乡间分工的演进和要素流动的增强，而交易效率又是解释分工组织演进和要素流动的主要变量。交易效率的提高，有利于拓宽沟通城乡关联的渠道，增强实际的空间联系，促进城乡间各种要素的流动，为退出城乡闭锁状态打下基础。交易效率的提高对城乡关系的影响分为两个方面：一是直接影响，交易效率的提高降低了交易的成本，使交易更容易进行，提高了城乡之间进行交易的积极性。二是间接影响，交易效率的提高，降低了单向交易的费用，但同时却可以引发交易数量的增加，当交易数量增加到一定程度，导致进一步提高交易效率的收益超过其成本时，交易效率就会得到进一步提高，城乡间要素流动的速度就会进一步加快。

交易费用是影响交易效率的主要因素，交易费用与交易收益反向相关。交易费用的影响因素主要有两个方面：一是交易技术，即在技术操作的层面上会影响到交易费用的因素，由于交易技术落后所造成的交易费用可以称为"技术型交易费用"。交易技术主要包括三类：第一种是围绕物流的交易技术，例如道路和运输设施；第二种是围绕信息流的交易技术，例如通信和通信设施；第三种是围绕资金流的交易技术，例如转账交割系统。二是交易制度，即在制度形成的层面上会影响到交易费用的因素，由于交易制度落后所形成的交易费用可以称为"制度型交易费用"。交易制度主要包括产权制度、价格制度、市场制度、信用制度和货币制度等。交易技术是影响交易费用的"硬件"，则交易制度就是影响到交易费用的"软件"。[109]交易费用和交易效率会影响到现代要素投入的效率，进而影响城乡闭锁状态的退出。例如农村中的交通运输状况会影响到产品和要素的流动性，农村中的融资过程中的交易费用会影响到分工的展开，农村中市场的发育状况会对产品的销售和要素的获取产生重要影响。因此，交易效率的提高是促进城乡分工和协作、加快城乡要素流动、推进城乡协调发展的保障。

5.4.2 市场机制和政府政策的共同作用

市场机制是解决城乡资源配置的一种有效方式，它通过价格和供求机制自发地决定城乡间要素的流向、要素交易的数量以及要素收入的分配。和政府机制相比，市场机制能够以更低的成本发现价格，更有效的方式配置资源。因此，在城乡协调的过程中，我们一定要坚持市场机制的主体地位。然而，坚持市场机制的主体地位，并不等于否定政府的干预，城乡闭锁状态的退出需要市场机制和政府政策的共同作用。

市场协调的功能虽优于政府协调，但市场协调犹如一把双刃剑，既可能有效地协调区际和城乡之间的发展关系，也可能在某一时期内继续强化城乡区域经济发展的不协调状态。在城市积聚的过程中，市场机制会进一步地强化积聚效应，增长极往往表现为"空吸泵"，把周围地区的人力、物力吸引到中心来，造成更大的贫富两极分化。而核心对外围的扩散效应，由于受距离衰减规律的影响，经济活动只能从核心地区扩散到它的外围附近（如城市近郊区），而不能扩散到相对边远的农村地区，这样就有可能使一部分农村地区更加"边缘化"。因此，在没有政府有效干预的情况下，市场机制的作用是趋向于扩大而不是缩小区域之间和城乡之间的差异，这时必须施加另外一种反作用力，这种反作用力主要来自政府的经济政策和法规，即政府资助和扶持农村发展的政策。

5.5 依托城镇网络退出城乡闭锁状态的过程

5.5.1 依托城镇网络促进城乡分工

5.5.1.1 城乡分工体系的形成

1. 城市内部分工的现状

方创琳的研究发现，中国城镇网络体系由28个大小不同、规模不等、发育程度不一的城市群组成。根据城市群发育程度指数模型计算的结果，这些城市群可以分为三个等级，其中一级城市群包括长江三角洲、珠江三角洲和京津冀都市圈3个城市群，二级城市群包括山东半岛城市群、成都城市群、长（长沙）珠（株洲）潭（湘潭）城市群、武汉城市群等11个城市群，三级城市群包括滇中城市群、天山北坡城市群等14个城市群。目前，我国的经济分工和协作仅仅是区域性的，是由各城市群中各自封闭进行的，而城市群之间则是独立的，缺乏开放性的经济协作整合。[110]

不同的城市群，由于发育程度不同，城市之间的分工协作关系也大相径庭。在这些城市群中，大多数城市群，特别是中西部城市密集区，城市之间并没有形成密切的分工合作关系，更多地表现为重复建设、结构趋同和地方保护。虽然处于第一层次的长江三角洲、珠江三角洲和京津冀都市圈3个城市群具有比较明确的职能定位，区域内各层次围绕中心城市在产业的上下游之间、整体与零部件之间、制造业与生产服务业之间进行了一定程度的分工，但区域内仍然存在城市间发展的整体协调范围窄、协调力度不足、城市间分工不明确，产业结构趋同、都市圈内中心城市的综合辐射和影响力不突出等问题。以京津冀都市圈为例，根据杨道玲、任可、秦强的计算，2019年，京津、京冀、津冀的产业同构度分别为0.91、0.88、0.77。因此，京津冀三地，尤其是京津、京冀的产业同构度较高。产业同构度高表示地区之间产业结构相似度较高，产业间转移与协同发展空间较小，不利于三地产业协同。[111]

2. 城市和乡村之间分工的现状

交易效率的提高以及市场机制和政府机制的共同作用，是退出城乡协调闭锁状态的保障。然而，随着城乡之间诸如交通、通信等设施的极大改善，交易制度的创新以及支农政策的实施，城乡之间的要素并没有必然形成双向流动的良好局面，城乡之间的差距不仅没有缩小，反而有了扩大的趋势。原因是城乡之间仍然缺少一个内在的联系纽带，即城乡之间的合理分工和专业化。[112]

目前，城乡间产业分工不合理。首先，农村部门第一产业所占比重小并持续下降。近年来，由于农业生产增长放缓，农民收入增长放慢，农民收入增长有限、农民消费乏力。农村部门在全国国内生产总值中所占的比重一直处于下降状态，由1990年的27.1%下降到2007年的11.7%。在农村部门中，第一产业对GDP的贡献额小，并且下降速度最快，由1992年的8.4%下降到2000年的4.4%，再下降到2007年的3.3%；其次，农村部门中第二产业产品同构现象严重。据测算，20世纪80年代末，乡村工业与国有工业的结构相似系数为0.754，其中制造业结构相似系数高达0.877。产业结构高度相似，意味着乡村和城镇都在同一平面上重复建设，按照同一技术档次生产同类产品。由此造成资源浪费、产品积压和市场过度竞争，城乡企业经济效益下降；最后，城镇中为农村服务的第三产业却发育严重不足。农业生产资料研发水平低，粮食流通渠道不健全，农民不能获得便利的消费和娱乐服务。

3. 农业内部分工的现状

农村家庭联产承包责任制在发展到生产力的极限之后，单一的生产方式不能提高农民的实际效用水平，产出的多样化对福利水平的提高作用就渐渐超过了投入在单一的产出上的生产效率。此时，农村生产方式的进一步制度演进，必然发展到家庭内部生产的多样化，以家庭内部的专业化分工代替家庭之间的分工，使得社会性的分工水平下降。农村社会的生产方式更加集中在家庭内部进行的分工生产模式，使家庭之间的分工水平下降。

因此，改革后的农村经济体制与生产的发展实际上对农村市场的发展产生了双向的作用，一方面是不利的逆分工和分工水平下降，另一方面是家庭内部的分工和细化程度增加，这种变化趋势使得农村市场经济的发展受到不利影响，市场经济的发展缺乏社会分工的基础，这种过度的内部化和非商品生产模式，使得农业生产的实际价值得不到体现，农业劳动力的价值和价格被进一步扭曲，在市场交易中，这种状态下的农民会进一步处于不利的地位，生产力和生产效率受到更多抑制。[113]当前，我国农业内部的分工和专业化方面存在的问题很突出，自给自足现象在很多农村依然存在，经营规模太小，多种经营所占的比重很小，农产品商品率极低、流通不畅，农业生产条件差、科技含量低、劳动者素质低。我国农业产值的增长主要还是靠粗放式的投入为主，而在分工和专业化的深度上还远远不够。

5.5.1.2 依托城镇网络完善城乡分工体系

1. 将城镇网络整合纳入全球分工合作体系

保持开放性是城镇网络系统正常运行的基本前提。城镇网络化系统作为一个"活"的有机体，必须不断地与外界进行物质、能量和信息的交换，积极地参与到全球的分工合作体系中去。立足国际视野，整合国内外资源，从更高层次拓展发展空间。城镇网络参与国际分工的途径主要有两个。

一是加强一级中心城市在国际分工中的地位和作用。一级中心城市基本上相当于全国性的大城市群中心城市，主要包括分别是北京、上海、天津、广州、重庆。按照杨小凯和霍宾对城市分层结构形成的分析。"当城市很多且分成很多层次时，最大的城市在上层，中等城市在中层，小镇在底层，如果分工很发达，人们与邻近的贸易伙伴往往在附近的小镇贸易，与邻省的贸易伙伴在中等城市进行贸易，与邻国的贸易伙伴则会在大城市进行贸易。"[114]这是因为将交易集中在最上层的城市，会带来更多的在交易中加深分工的机会。第一级中心城市的发展水平直接决定城镇网络在全球范围内所能获取的分享空间，实现中心城市国际化，与国际接轨是城镇网络发展的必然要求。必须加速核心城市产业和人口的有序化过程，促进产业结构升级调整，由过去以生产型工业为主导的单一模式，转变为以现代第三产业经营服务型现代新城市方向发展，使城市功能走向外向化和国际化。[115]

二是实施"泛区域整合"战略。指立足于国际化视野，把触角伸向国外，将影响全局的区域整合起来，形成次区域合作的战略联盟。这些区域将成为我国承接全球范围资源跨国界流动及参与全球经济合作的战略平台。如在东北部区域考虑构筑东北亚能源合作战略联盟，特别是在全球石油价格高启、有限资源越来越少的状况下，拥有丰富的粮食、食品、能源等资源的东北亚的战略价值日益凸显；在广西地区通过泛北合作，应与其他相关国际区域合作结合起来，既立足于东盟，不断推动大湄公河次区域合作，中越"两廊一圈"合作以及南宁—新加坡经济走廊建设，还要积极拓展与日本、韩国、欧洲、美国以及其他国家和地区的合作；在西部区域，西部大开发中计划重点发展的"西陇海—兰新铁路沿线经济地带"可以与"上海合作组织"的合作内容相结合，整合国内外资源。这些战略的实施将会大大加速亚洲区域一体化进程。[116]

2. 加强各城市群之间的分工与协作

区域经济协作应是开放性的，而不能封闭性运作。[117]所谓的开放性，其含义在于产业结构的动态性调整和组合，不仅仅在城市群内部，而是为更大范围的经济协作联动、产业组合重构、资源要素优化配置提供平台，以长三角都市圈、珠三角都市圈、京津唐都市圈等城市群为节点，建设和形成功能互补的国民经济结构和布局。

当前，以长三角、珠三角和京津冀为代表的城市群在发展过程中各城市群相对独立，缺乏有效的分工与协作，造成城市群之间产业同构严重、竞争激烈、产品销售困难、产能过剩、资源浪费等问题。我们必须跳出单个城市群发展的局限，从全局的视角加强城市群，特别是长三角、珠三角和京津冀的功能定位，加强它们之间的分工与交流、竞争与合作。三个城市群可以结合其自身的资源、地理、产业现状，进行以下的功能定位。[118]

长三角都市圈：以市场服务业中心及制造业高地为其发展目标，主要功能定位于提升我国的工业化水平，尤其是提升工业化基础装备业水平。其产业发展将经历由"重（重化工业）、套（成套设备）、全（产业链）"转向"轻（高端部门及产业服务）"的较长过程。在科技发展方面，主要瞄准产业发展的系列技术创新突破为主。在市场服务业方面，主要建设和发展以金融和航运（资金流和物流）为主体的市场服务体系。

珠三角都市圈：结合区域内各方的优势，以创新、创业中心及高科技加工生产基地为其发展目标，尤其是以外向型经济为主要特征。产业发展向"轻（轻型产品）、新（新型产品）、外（外向型出口产品）"发展。在市场服务业方面，借助香港的优势。在科技发展方面，主要瞄准新技术向实用产品的转化。

京津唐都市圈：以政治、文化、科学中心为其发展目标，以环境营造为抓手，建设和发展与大国地位相适宜的首都景观和氛围。制造业功能适当减轻，并向周边地区，尤其是向天津转移和集聚。在科技发展方面，主要是以形成全国性的科研体系，组织科研项目，瞄准重大基础性技术突破为目标。

3.强化各城市群内部的分工与协作

城市群能够克服单个城市在资源、幅员等方面的不足，在更大的区域范围内调整资源配置，实现共同增长。因此，我们要充分发挥城市群在区域分工中的作用。恩格斯指出："城市彼此发生了联系，新的劳动工具从一个城市运往另一个城市，生产和商业间的分工随即引起了各城市间在生产上的新的分工，在每一个城市中都在自己的特殊的工业部门占着优势。最初的地域局限性开始逐渐消失。"[119]商品经济的进一步发展，促进了城市的分工，使得一个城市的主导功能和特性显现出来。城市群内部的分工可以分为两个层次。

一个层次是中心城市和周边城镇的分工与协作。中心城市是区域内居于社会经济中心地位的城市，具有强大的吸引力、辐射力和综合服务力，是能够渗透和带动周边地区经济发展的行政社会组织和经济组织的统一体。从分工的角度来看，中心城市位于核心地位，能够积极推动区域内城市间分工协作关系不断深入和加强。[120]依据世界城市群分工的经验，作为中心城市不必追求面面俱到的产业体系，而应立足于提升中心城市经济的支配力，主要是为现代服务业和其他各种创新性行业提供便利的和多样性的经济基础。而中心城市周边的城镇，则应有选择地吸纳中心城市转移出来的制造业，专门生产基础金属、食品加工、纺织、造纸、机械等。城市的经济结构的转型方向并不是以第三产业来取代制造业，而是制造业结构的升级使城市向技术中心转化，同周边地区形成合理的分工，把周边城市制造业的快速发展视为自身产业结构调整和升级的机遇，周边城市技术密集型制造业的发展所创造的高劳动生产率使得中心城市现代服务业的发展和升级有了基础。随着中心城市和周边城市合理分工的形成，越来越多的企业活动外置，即企业从专业化的角度出发将一些原本属于企业内部所提供的资源或服务，转向使用由企业外部更加专业化的企业单位所提供的资源或服务。[121][122]

香港的发展历程提供了一个有益的经验，即随着经济的增长，城市经济的转型是一个自然的过程，在此过程中，服务业等第三产业在GDP中的比例逐渐提高，可能达到60%～70%，甚至更高，而服务业内部也同样会出现结构升级，金融房地产等服务业所占比重也不断上升，同时城市经济竞争力空前提高，服务功能更强，辐射范围更广，越来越多的跨国公司总部、地区总部或专业总部迁入，越来越多的金融机构入驻，中心城市的综合服务能力不断增强和完善，中心城市与周边城市的联系更加密切，分工也越来越明显，中心城市成为周边城市的融资和服务中心，周边城市成为中心城市的生产加工基地，同时，由于分工的不断强化，各地的生产率均得到提升。[123]

另外一个层次是次级城镇内部的分工与协作。中小城镇应依托中心城市，立足于城市间合理分工的基础之上，按分工效益、规模效益以及比较成本优势原则确定城市发展目标，根据自身条件发展优势产业并积极参与区域内的分工协作。构筑专业化分工、特色化发展、错位经营的城市群格局，避免重复建设、产业同构和贪大求全。城镇内部的分工是根据网络分工和比较优势、竞争优势来进行产业整合，有可能表现为产业链经济的配套性垂直分工，不同城市之间形成一体化的产业链，包括原材料采集、运输、逐次加工、组装、制造品的销售及服务等各种功能；也可能表现为产业内的水平式分工，同一产品在根本特性一致下的异质性和不同层次性的专业化，如在不同档次、规格、款式上的专业化。[124][125]

4. 促进城乡之间的分工与协作

城乡之间的分割，从经济学的角度上讲，是要素流动受阻的结果。要素流动受阻，可能是由于交易成本太高导致的，也有可能是由于城乡之间的分工体系不完善导致的。随着城乡间交通设施的逐步完善制度创新进程的加快，城乡之间的交易费用开始下降，交易效率提高。那么，制约要素流动的主要因素就是城乡之间有效的分工与协作体系的缺乏。城乡间的分工与协作可以从以下两个方面来看。

1）城乡间的消费性分工与合作

城乡间的消费性分工其实指的是服务性的产业在城乡之间的配置，其布局模式可以参考克里斯泰勒的中心地理论。克里斯泰勒发现，一个独立的贸易区用六边形去拼接周围的地区会更有效，可以避免社区间的重叠问题。在六边形网格上所建立交易中心的最小层次为基层村，第二层次为中心村，第三层次为镇，第四层次为县市，如图5-2所示。不单镇具有中心职能，村庄也具有中心职能。不同的职能有不同的门槛值和服务范围。那些相对昂贵、人们并不经常需要的商品或服务，门槛值就高，顾客也情愿到较大的中心地去获得这种商品或服务，因为那里可供选择的机会较多，因此这些职能要求有较大的服务范围。人们经常需要的，一般是低值或易腐烂的商品和服务，顾客不会舍近求远，门槛值低，服务范围也小。因此，较高等级的中心地为周围地区提供的货物越多，服务的范围越广；反之，较低等级的中心地为周围地区提供的货物越少，服务的范围越小。[126]

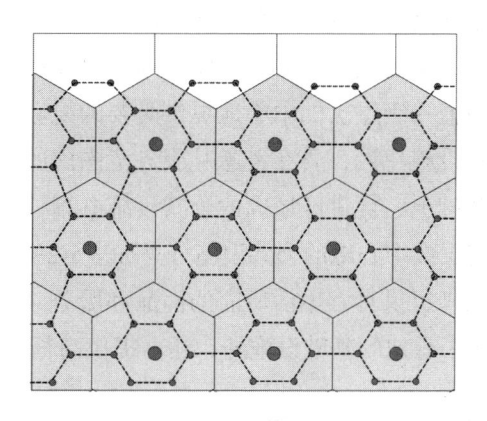

图5-2 中心地层次

村民出行消费需要承担一定的经济成本，包括时间成本和交通费用。因此，在城乡间镇、中心村、基层村的梯级经济结构模式中，不同中心地的影响规模取决于其服务半径，而服务半径的大小又受出行经济成本的制约。一般而言，村民多采取步行或者小型农用车的形式进行农业的生产和生活，可接受的耕作半径不超过1.5千米。因此，基层村的影响范围取决于地区耕作半径大小，目前一般为1～1.5千米。每个基层村大约有200户家庭，人口为800人左右。当然，一些地方人口密度可能更大些，而另外一些地方可能更少些。中心村是村民购买低级耐用消费品和日常生活用品的主要地点，村民往返的频率很高，一般以自行车作为主要的出行工具，可以承受的出行距离一般在3～5千米左右，因此，中心村的服务半径为3～5千米。中心村的人口规模为2 000人左右，为7～12个基层村提供日常和经济服务，服务人口为1万人左右。镇作为农村经济、社会、文化的中心和枢纽，是农村与大城市及外部世界联系的通道。村民在出行时以摩托车作为主要工具，可以承受的出行距离一般在5千米左右，因此，镇的服务半径为5~7千米。镇的人口规模在5 000人左右,为10~25个基层村提供经济和社会服务,服务人口为1.5万~2万人。县市作为更高层次的中心地,服务半径为20~30千米,覆盖150~200个行政村,村民出行一般选择乘坐公共交通。中心地的人口规模为1.5万~2万人,服务人口为20万~30万人。

  不同等级的中心地,人口规模、服务半径不同,在城乡体系中承担的分工角色也必然不同,如图5-3所示。不同等级的中心地为了实现其在分工体系中的职能,必须具备相应的配套基础设施。高层次中心地不仅要为本地区居民提供生产、生活服务,而且还要为周边村庄居民提供一些基本的服务,同时也要为上一级层次的中心地提供必要的配套设施。因此,不同中心地的公共基础设施建设,要在考虑其服务范围内的人口规模,满足其门槛人口下线的基础上,促进区域内的公共设施共享,实现规模经济,降低供给成本。不同层次中心地的公共设施分类如表5-2所示,低层次中心地的基础设施主要用来提供日常生活所需的商品和服务,而更高层次的中心地除了提供低层次中心地的基础设施外,还需提供高等级的商品和服务。

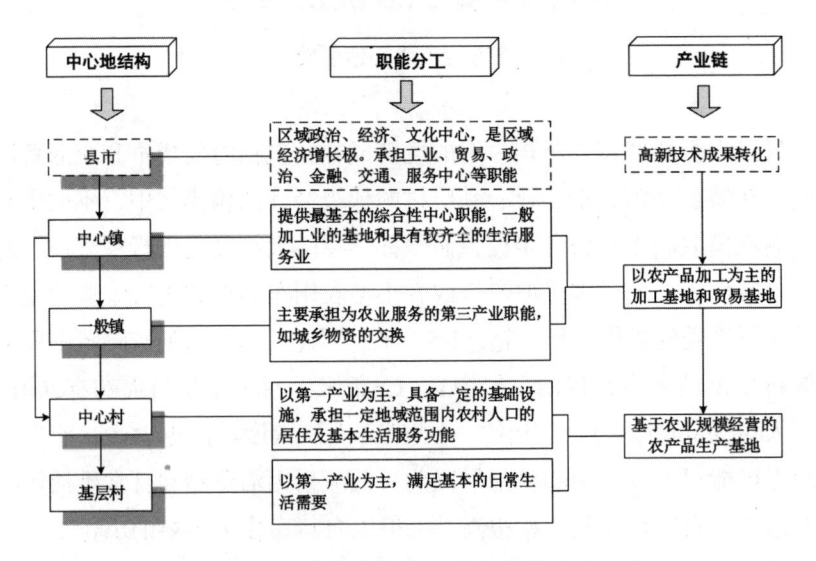

图5-3 不同等级中心地的职能分工

表5-3　不同等级中心地的公共设施布局

中心地结构	公共设施分类					
	商业服务	教育	医疗卫生	文化娱乐	交通通信	福利
基层村	食杂店（日常生活用品、小百货）、副食店	幼儿园；2~3个基层村有1所小学	乡村医生（常见疾病诊疗）	闭路电视		
中心村	周期性集市贸易（低级耐用消费品和日常生活用品）、理发店、饭店、浴池	初中	受过专业教育的医生、兽医	乡村俱乐部、图书室		
镇	农贸市场、综合性商店、农资供应站、维修站、粮棉临时收购站、大型农机具商店、信用社	高级中学	乡镇卫生院、兽医站	书店、照相馆、电影院、网吧等休闲娱乐设施	城乡公交站、邮局	养老院
县市	珠宝店、花店、名牌服装店、大型超市、电器卖场、专卖店、律师事务所、银行、旅行社	重点高中、职业技术学校、大学	综合性、专业性的医院	图书馆、报纸、广播、电视台、游泳池、溜冰场等休闲娱乐设施	汽车、火车站	福利院

2）城乡之间的生产性分工与合作

工业和农业的分工是城乡社会分工的最主要形式，在城乡之间的分工体系中，工业应主要布局在城镇中，乡村一定要坚持农业发展的主体地位。农业是关系民族振兴、经济发展、社会稳定和国家自立的基础产业，特别是对于中国这种人口众多、农业自然资源短缺的发展中国家来说，更应该重视农业的发展。在农业发展的基础上，可以适当地促进以特定农产品生产为中心的农村工业体系的发展,把农副产品加工、储藏、保鲜、运销类企业作为发展重点和主攻方向,延长农业产业链条、扩大农村就业容量、获取农业的高附加值。[127]

目前,我国正处于由传统农业向现代农业转化的过程中,应着力做好以下转变,不断提高农民收入,建立农民收入增长的长效机制。

一是要素投入结构的转变。对于土地结构而言,要重视对土地的投资,包括土地整治和道路、林网、灌排水、供电等农业基础设施建设,提高土地的现代化水平。对于劳动力结构而言,要大力发展农业教育,不断提高劳动力的质量,优化其素质结构。对于技术结构而言,要以传统技术和适用技术为主,同时逐步引入现代技术。要保留传统的精耕细作的生产方式,大力发展集约农业、设施农业、生态农业,农业技术结构转换以节约土地的化学化、良种化为先导。对于投资结构而言,要不断拓宽农业投入的资金来源,除农民自己投资之外,政府要加强对农业的直接投资与各种各样的补贴和价格支持。

二是农业现代化中经营组织结构的转变。首先,要不断进行土地制度的创新,在条件许可的情况下,加快农村土地流转的速度,促进土地的规模化和专业化经营。其次,要进行农业组织方式的创新,大力发展农业合作经济组织和农工商一体化,把分散经营的农户组织起来,把农业同与其相关的产业部门联系起来形成利益共同体。要增加农业收入,减少农业经营风险,提高农业投入,发展商品生产。

三是政府作用的转变。首先,政府要加强对公益性和基础性农业的投资。公益性农业投资主要指农业基础设施的投资,包括农田水利的设施建设、农林电网改造、农村道路建设、农产品市场建设以及农业生态环境保护等方面的投资,基础性农业投资是以农业科技成果的研发、推广为主体的投资。其次,政府要加大对农产品价格的支持力度。对于一些主要的农产品,要实行最低限价,提高农民务农的积极性,防止出现"谷贱伤农"的情况。

5. 深化农村内部的分工体系

由于土地经营规模小、农产品流通体制不健全、劳动者素质低等原因,我国的农业专业化虽有一定的发展,但是和发达国家相比,在分工和专业化的深度上还远远不够,仍然位于较低的水平上。新时期农业的发展，仅仅靠政府对农业的支持政策是远远不够的，必须在扩大土地经营规模、健全农产品流通体系、提高农村劳动者素质的基础上，进一步深化农村内部的分工体系。[128]

农业内部分工可以在两个层面上展开：一是横向分工，即处于同一序列的不同生产项目的分工。从宏观的角度来看，主要指的是区域之间的专业化分工；从微观的角度来看，主要指的是农户之间的分工。区域之间的分工指的是各个地区根据自己的比较优势，生产相应的农产品。比如东北应主要生产稻米、玉米和大豆，华北地区应主要生产小麦和棉花，华东和华中地区应主要生产油料，南方应主要生产稻米、蔬菜和花卉。农户之间的分工指的是农户根据自己拥有的技能、资源和资金的状况，进行专业化生产，比如种粮专业户、养牛专业户等。二是纵向分工，即对于某项特定生产的不同环节之间进行分工，通过产前、产中、产后的综合经营将农业生产延长为"链状经济"，不仅包含了农业生产部门和制造业，而且还包括了运输组织、销售组织、中介组织和科研单位等在内的广泛的服务业，是"从田间到餐桌"的一系列农产品生产经营的整合。

以云南的烟草产业为例，云南烟草产业经过长期的发展，形成了一个从农户到市场的巨大而复杂的分工与专业化生产网络[129]（见图5-4），包括众多的烟叶种植农户、各种中间投入品、烟草加工和各种服务，涉及1 000多个公司和300多个产品销售公司。当然，这个网络又是全国农业专业化经营的一部分。

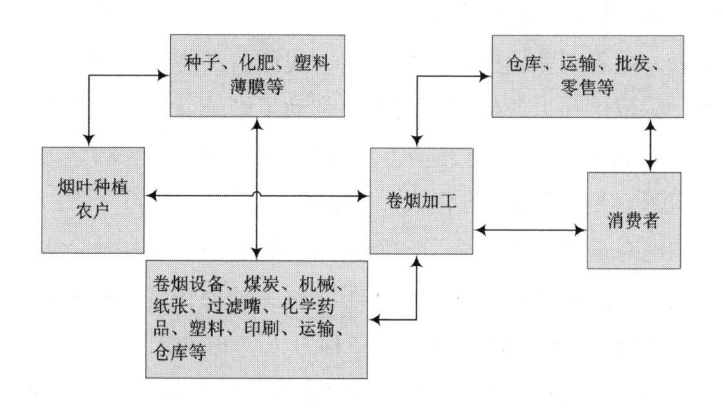

图5-4 云南烟草产业分工与专业化经济网络

5.5.2 依托城镇网络促进城乡间的要素流动

城乡分工的根本特征是生产的集中性、连续性和产品的商品性，这就要求经济过程在空间上要有所聚集。正是城市分工的聚集要求，才促成了劳动力、资本和技术等生产要素在有限空间上的高度组合。作为基本要素的劳动、资本和技术等的有效流动，反映了市场机制可以有效配置资源，市场竞争可以改善资源配置效率。但是，市场力量的自由发挥具有一定的滞后性和盲目性，有可能会带来城乡间的失衡。此时，政府需要政府的有效干预，制定有效地促进城乡经济增长与发展的区域政策，通过调控城乡网络化发展的要素流，尽量减少城乡之间关联的负面影响。

5.5.2.1 依托城镇网络促进城乡间劳动力的流动

1. 城乡间劳动力流动的现状

1) 以农村向城镇的单向流动为主

在我国，由于城乡间劳动生产率的巨大差异，城乡间的劳动力流动更多地体现为劳动力由农村向城市的单向流动。对城市部门而言，通过农村基础教育培养出来的具有较高素质的劳动力最终都会通过升学、参军、劳动力转移、人口迁移等方式进入城市部门，高等教育更是直接为城市部门源源不断地输送高素质的专业技术人才，从而保证了城市部门始终具备强劲的发展能力。而农业部门却不具备这样的条件，高素质的劳动力不断流入城市部门，而全社会又缺乏一种制度安排向农业输入高素质的劳动力，以保证农业部门具有不断发展与创新的能力。

近年来，随着工业化的进一步发展，我国劳动力供求出现了一些新变化新趋势。城镇化和工业化进程的加快带动了城镇就业人员的持续增加。1978年我国有农业劳动力2.83亿人，到1990年增加到了3.89亿人，虽然比重下降，但绝对量仍增加了1亿人。1990年以后，在比重下降的同时，农业劳动力的绝对量也开始下降了。而在这种趋势下，农村从业人员中的非农产业从业人员却在逐步增加，说明了农村劳动力在越来越多地向非农产业转移。1978年，城镇就业人员达9 514万人，占全国就业人员的比重为23.7%，其后持续上升。2014年城镇就业比重首次超越乡村，达到50.9%，城镇成为我国就业的主要阵地。2019年，城镇就业人员达44 247万人，占全国就业人员的比重进一步提高到57.1%，较改革开放之初增加了33.4个百分点，平均每年提高0.8个百分点（如图5-5所示）。

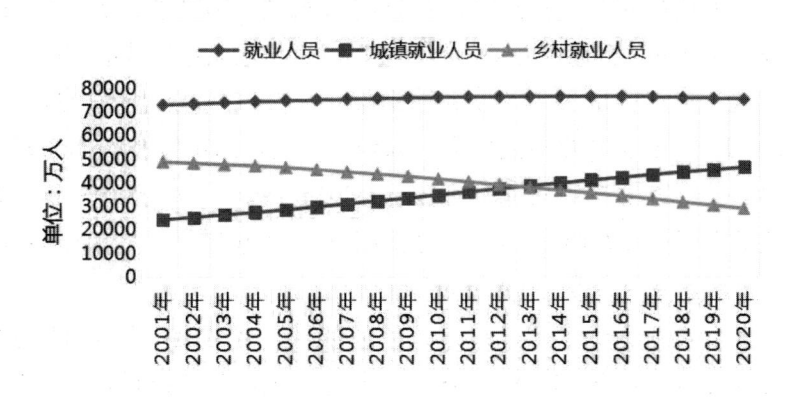

图5-5　2001—2020年我国城乡从业人员结构

2）劳动力的流动呈现"半自由式"的特点

当代中国农村劳动力从农村到城市的流动还主要局限在经济层面，即所谓"半自由式"的流动。在劳动就业市场，农村居民有了越来越大的自由选择权；但在社会身份层面，从农村居民实质性地转变为城市居民，依然存在着很大的困难，这是长期以来城乡之间实行双重就业制度、户籍制度、社会保障制度的结果。在工资和财政约束的限制下，农村劳动力的工资水平和社会福利水平均低于城镇居民。因此，农民的抗风险能力也低于城镇居民。一旦出现失业，即使这个失业可能是短期的，也会导致农民因无力负担城市的生活成本，而不得不返乡，就业呈现出明显的"高流动性"和"不稳定性"。据劳动和社会保障部调查，农民工在一个单位工作3年以上的比例只占20%~30%。由于技能不高，又面对工资低、劳动强度大，且受到不平等对待，为寻找更好的工作机会，多数人频繁流动。高流动性导致单位和本人都缺乏参保积极性，也会进一步增加农民进城务工的交通成本、心理成本，降低农民进城务工的收益。

3）劳动力的流动呈现动态波动性

农村劳动力的流动受多种因素的影响，包括自然状况、经济状况、政策体制等。对于中国农村剩余劳动力转移的历程来说，影响劳动力转移的最重要因素是政策体制。城乡间政策体制的变动导致劳动力的流动呈现动态波动性，主要分为以下两个阶段。

第一阶段是1949—1978年,从"鼓励进城"到"严格控制"下的农村剩余劳动力转移阶段。中华人民共和国成立初期,国家采取鼓励农民进城的政策,从1950年到1957年的短短几年间,大批农民进入城市,转为工业企业工人。据资料显示,1952年全国城市人口为7 000万人,1957年增加到9 949万人,1960年更达到1.3亿,城镇人口比1953年猛增了6 000万人,占全国总人口的比重由1953年的12.5%上升到19.7%。但是从1958年"大跃进"之后,国家开始调整政策,大批城市人口被迫返乡。从1960年到1964年间,全国净减少城市人口3 788万人。[130]

第二个阶段是改革开放后,从"允许流动"到"公平流动"下的农村剩余劳动力转移阶段。1979—1983年,国家采取的是"控制流动"的农村剩余劳动力政策,1981年与1978年相比,农业劳动力在农村总劳动力中所占份额由1978年的90%上升到1981年的90.9%,非农产业劳动力份额则由1978年的10%下降到1981年的9.1%,这充分说明了这一时期国家对待农村剩余劳动力转移的政策方向[130]。

1984—1988年,国家开始采取"允许流动"的农村剩余劳动力转移政策,导致农业剩余劳动力以空前规模向非农产业转移。1984与1981年相比,非农产业劳动力增加了2 248.5万人,非农劳动力占农村总劳动力的份额由9.1%上升到15.5%。

1989—1991年,国家采取"控制盲目流动"的农村剩余劳动力转移政策,伴随着国家控制农村劳动力盲目流动的政策,农业剩余劳动力转移进入了逆转阶段。

1992—2000年,国家采取的是"规范流动"的农村剩余劳动力转移政策,我国农村剩余劳动力转移的步伐出现了先提速而后趋于平稳的状态。1992—1996年,新一轮"打工潮"兴起。这一时期我国经济体制改革取得了阶段性成功,蓬勃发展的乡镇企业以及城市对农村剩余劳动力的吸纳能力显著增强,大批农村剩余劳动力迅速转移,广大农村地区纷纷出现了新一轮的打工浪潮。1996—2000年,由于经济软着陆政策、国有企业改革和乡镇企业发展速度的放缓,这一阶段呈现出农村劳动力转移步伐放慢的局面。

2000年以后,国家采取了"公平流动"的农村剩余劳动力政策,这一时期关于加快农村剩余劳动力转移的政策法规较以往明显增多,仅2006年一年就有近十部法规出台。自2000年以来,在良好的政策环境下,中国农村剩余劳动力外出务工的人数不断增加，根据《2022年度人力资源和社会保障事业发展统计公报》，截至2022年，我国已有2.96亿农民务工群体在城镇从事着非农产业。

2. 劳动力的流动对城乡间经济发展的影响

1）对城镇的影响

农村劳动力向城镇的流动对城镇来说具有正反两方面的效应。农村劳动力大量流入城镇，对城镇的积极意义在于这一群体的庞大数量满足了第二、第三产业快速发展对劳动力的巨大需求；这一群体的廉价优势支撑了中国经济在相当长时期内的低成本竞争力；这一群体的各类消费繁荣了城市的商业、运输业、旅游业、文化、教育、卫生等产业的发展。[131]

农村劳动力向城镇的流动，对城镇的消极作用主要体现在劳动力大规模、跨区域的转移，短期内会对城市的交通运输、城市基础设施造成"冲击性"需求；群体文化背景的差异大，对所在城市缺乏归属感，社会责任感较为淡漠，城市管理较困难；在经济萧条时期，农村劳动力可能会与城市劳动力产生竞争，导致城市的失业状况进一步恶化。

城镇是鼓励还是限制农村劳动力向城镇的转移，主要取决于这两方面力量的对比，当积极效应大于消极效应时，城市倾向于鼓励农村劳动力进城务工；当消极效应大于积极效应时，城市会采取限制农民工进城的措施，这也是我国农村劳动力流动呈现波动性的原因。

2）对农村的影响

农村劳动力向城镇的转移对农村也有正反两方面的影响。积极的作用在于缓解了农村人多地少的矛盾，为农村土地进行规模化、集中化、机械化经营，打下了基础；增加了农村收入，为农村发展注入了资金，促进了农村产业结构调整；农民在"干中学"中，积累了经验，更新了观念，提高了素质。部分农民利用务工所得的资金和经验创办乡村企业，促进了当地的经济发展和就业水平的提高。

消极的作用主要体现在以下几个方面：首先，造成了土地实际利用率下降，优质农村劳动力转移使农业生产劳动力在数量、质量和结构上矛盾加剧，致使农业经营粗放、抛荒等现象时有发生，农业技术难以推广，延缓农业产业结构升级。优质农村劳动力转移使农村缺乏懂经营会生产的农业高素质人才，特色农业和优势产业不能形成，农产品科技含量得不到提高，产业结构升级不快；制约了农村基础设施建设。其次，由于农村劳动力大量外出务工，人们对基础设施建设的关注度不够，在基础设施建设上投工、集资的难度较大。农村基础设施老化、损害现象严重；最后，带来了一系列的社会问题，老人精神空虚、备感寂寞、缺乏关怀；儿童缺少父母教育、缺乏亲情关爱。

3）总体分析

从当前来看，我国农村劳动力向城镇的流动是符合城镇利益的，有利于降低成本，更好地进行城镇建设。但是，这种劳动力转移模式确是不可以持久的。因为，优质劳动力由农村向城镇的单向流动，已经给农村带来了很多的政治、经济和社会问题，限制了农村的进一步发展。农村发展的滞后反过来又会对城市的发展形成制约，会造成食品价格的上涨、工业品销售市场的萎缩以及农民工素质的进一步下降。因此，从长期来看，农村劳动力的单向流动对城乡的经济发展都是不利的，必须由政府采取一定的措施，促进城乡劳动力的双向流动。

3. 依托城镇网络加快城乡劳动力双向流动的对策

1）进一步完善中小城镇的功能

近年来，随着高等教育的不断扩招，城市劳动力就业越来越困难。农村应该抓住这个有利的时机，吸纳城市的优质劳动力。劳动力能否实现从城市到农村的回流，主要取决于农村就业机会及生活环境的好坏，而就业机会及生活环境的改善又是城镇功能完善的结果。一方面，城镇要不断发展壮大自己的产业，为回流劳动力创造更多的工作机会；另一方面，城镇要不断强化自己的服务功能，完善城镇道路、交通、供电、供水、供气、通信等基础设施，完善教育、文化、商贸、餐饮、娱乐、休闲、生态等服务设施，为回流劳动力创造更好的生活环境。

2）建立统一的城乡劳动力市场

近年来，伴随劳动力结构变动和产业结构调整，部分行业面临转型升级，结构性就业矛盾凸显，对就业预期产生一定影响。只有健全统一大市场，发挥市场规模对区域产业布局、新就业空间的带动作用，才能实现充分就业、高质量就业。因此，建立城乡间统一的劳动力市场，是促进城乡间劳动力顺畅流动的必要条件。城乡统一的劳动力市场的建立需要政府加强宏观计划指导，健全相关法律法规，完善社会服务体系。以帮助劳动者对转移流动的成本、收益和风险做出理性的判断，减少盲目流动的损失。

3）保持政府政策的一致性

前面已经提到，政府的政策体制是影响城乡劳动力流动的重要因素，而政府往往根据城市现实情况的变动不断调整其政策体制，或紧或松，造成城乡劳动力流动的波动性。今后，我们要从促进城乡长期发展的目标出发，不断深化户籍制度、社会保障制度、土地制度等城乡隔绝制度的改革，保持政府政策的一致性。只有这样，才能使人们对劳动力流动的成本和收益有一个较长的预期，更好地规划其经济活动，使城乡劳动力流动在稳定、有序的情况下进行，避免大起大落。

4）提高农村劳动力素质

文化程度低、职业技能弱是现阶段制约劳动力流动的重要因素。一方面，农村劳动力素质低下限定了可供其选择的工作岗位，增加了其寻找工作的时间成本和金钱成本，也造成了结构性失业的存在。另一方面，农村劳动力素质低下，导致其劳动生产率和工资水平低，无法负担向城市永久性转移的居住和生活成本。因此，提高劳动力素质是农村劳动力顺利转移的决定条件，国家应加大对农村教育的投入，引导更多的优秀教师到农村工作，大力发展各类职业技术教育，提高农村劳动力的文化水平和职业技能。

5.5.2.2 依托城镇网络促进城乡间的资本流动

1. 城乡间资本流动的现状

1）以农村向城市的逆向流动为主

二元体制下，通过种种城市偏向的制度和马太效应形成的自发加速机制，使资本从相对稀缺的农村源源不断地流向资本相对比较丰裕的城市。这种逆向流动是造成城乡关系恶化和形成巨大城乡差异的主要原因。虽然每年国家都有一部分资金用于"财政支农"，但由于多年来国家以各种形式从农业"取走"用于"哺工"的资金较多，所以造成农业基础薄弱，资金严重不足。

农村向城市的资金流动主要通过财政手段、价格"剪刀差"和金融机构三种渠道来实现的。国家通过财政手段，从农村拿走的多，给予农村的少，到2001年农村资金通过财政渠道净流出达1 078亿元。1978—2002年，农业各税和乡镇企业税金由54亿元增加到3 411亿元，年均增长18.9%。价格"剪刀差"也是城市部门吸收农村资金的主要方式,据郭书田等的估算,1954—1978年,城市工业部门通过不等价交换拿走的农业剩余为5 100亿元。[132]1980年以后,工农产品价格"剪刀差"持续上升,据张忠发等的计算结果表明:从1979—1994年,工农业产品的"剪刀差"达到15 000亿元,是同期农业税的8.55倍。[133]农业资金转移的另外一个不可忽视的途径就是金融渠道,包括邮政储蓄和农村信用社等,根据有关估算,1979—2000年,通过农村信用社和邮政储蓄机构的资金流出高达10 334亿元,商业银行在农村吸收的资金绝大部分也都流向城市。[134]

2)政府财政农业投入持续增加

由于农业领域长期被冠以周期长、见效慢、风险高的三项"大帽",导致社会资本对涉农企业的投资力度不足。但是农业的基础性地位又决定了政府必须从根本上重视农业,不断加大财政对农业的支持力度。1978—2006年,国家财政用于农业的支出呈上升趋势,如图5-6所示。

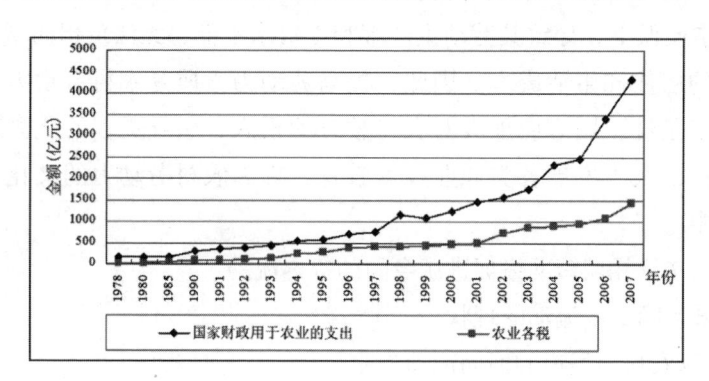

图5-6 农村财政资金收支变化情况(不包括乡镇企业税)

资料来源:《中国统计年鉴2008》。

党的十八大以来,政府把农业农村作为财政支出的优先保障领域,为实施乡村振兴战略提供了有力支撑。2009—2022年,国家财政农林水支出占国家财政总支出的比重一直持续稳定在8%以上。《中国统计年鉴2023》的数据显示,2007年国家财政农林水支出为3 404.7亿元,2022年达到22 499.76亿元。2007—2022年期间年均增长率达到13.4%。如表5-4,为了完成脱贫攻坚的目标任务,2014—2019年期间,用于扶贫的支出迅速增加。2014年为949.0亿元,2016年为2 285.9亿元,增长了一倍多。2016年为

5 561.5亿元，为2014年的6倍。

表5-4　2014—2019国家财政用于农业的支出情况　亿元

年份	农业	林业	水利	南水北调	扶贫	农业综合开发	农村综合改革
2014	5 816.6	1 348.8	3 478.7	69.6	949.0	560.7	1 265.7
2015	6 436.2	1 613.4	4 807.9	81.8	1 227.2	600.1	1 418.8
2016	6 458.6	1 696.6	4 433.7	65.7	2 285.9	616.6	1 508.8
2017	6 194.6	1 724.9	4 424.8	116.2	3 249.6	571.2	1 486.9
2018	6 156.1	1 931.3	4 523.0	130.5	4 863.8	575.6	1 530.3
2019	6 554.7	2 007.7	4 584.4	88.6	5 561.5	288.8	1 644.3

数据来源：《中国农村统计年鉴2021》。

乡村振兴基金近年来也一直呈增长态势。乡村振兴基金以政府财政和中央企业资金为主，主要投资农业农村发展相关产业的基金。据艾格农业等《2022年中国乡村振兴基金绿皮书》，截至2022年12月26日，全国范围内的乡村振兴基金累计设立数量为192只，总计管理规模为1 239.82亿元。有23个省份设立了乡村振兴基金。除央企农村投资基金外，设立乡村振兴基金规模前五名的省份分别是广东、安徽、山东、江苏、四川。

2. 城乡间资本逆向流动的影响

城乡资本的逆向流动对于城市地区来说，使资本供给增加，其相对价格降低，降低了企业的投资成本，增强了企业的竞争力。企业竞争力的增强，有利于新企业的产生和原有企业规模的扩大，创造了新的就业机会，使劳动力总的收益增加。因此，城乡资本的逆向流动短期内对于城市地区来说是有利的。

对于落后的农村地区来讲，资本的流出使其本来就稀缺的要素更加稀缺，资本的相对价格进一步上升，导致了农村地区投资的进一步减少。农村地区投资的不足，造成劳动力价格的下降，失业和不充分就业的劳动力增加，因而劳动力的总收益减少。

总的来讲，短期内，资本的逆向流动不能使双方都受益，发达地区收益的净增加是以落后地区收益的减少为代价的。但是，从更长的时间来看，资本的逆向流动对城市也是不利的，因为城市的工业品很大一部分要依靠农村的市场,而资本逆向流动会带来农民收入的减少、农村市场的萎缩,造成城市工业品销售的困难,会降低城市的投资额。因此,城乡资本的单向逆流动是不利于经济发展的,城乡经济的良性循环客观上要求拓宽城市资本向农村的流入渠道,增强流入量,形成城乡资本双向流动的局面。

3. 依托城镇网络促进城乡资本双向流动的对策

1) 引导城市资金向农村直接投资

城市向农村的资本流入,尤其是以直接投资表现的资本流入,将会对农村地区产生许多外在经济效应,极大地促进农村经济的发展。这些外在经济效应主要体现在城市先进的管理经验的流入;竞争意识和创新意识的流入;对未开发资源的利用;引进相关产业的发展;创造了就业机会,使原来处于失业状态的劳动力就业;资本的流入弱化了劳动力丰裕程度,平均工资上升;促使劳动力从边际收益低的产业部门流向边际收益高的产业。因此,政府要采取贴息贷款、税收优惠等各种手段,支持城市资金进入农村基础设施建设和公共消费的投资领域,拓宽资金的回流渠道,加快农村地区投资建设的步伐,为农村地区创造更多的就业机会。

2) 加大政府的财政支农力度。近年来,虽然国家财政用于农业的支出呈上升趋势,但是,远远不能满足农业发展的需要。因此,政府要建立和完善财政资金的投入积累机制,较大幅度地增加对农业的资金投入。第一,必须加大财政支农比重。要加强编制财政预算管理,采取有效措施,逐步提高财政支农支出比重。第二,要提高对农业基础建设的投资比重,加强农村基础设施建设,改善交通、兴修水利、改造农田等。第三,要加强对地方财政投入的监督,改变地方财政收入与中央收入不同步的现象,消除投资短期行为。第四,要建立农产品价格补贴制度,并实行规范管理。[135]

5.5.2.3 依托城镇网络促进城乡间的技术流动

1. 技术流动在城乡互动发展中的作用

在我国,经济较发达的城市和贫穷落后的农村并存。从城市的资源优势看,城市科技产业化水平高,是技术创新的龙头,而农村研发力量则相对不足。由于城乡科技实力相差悬殊,城市与农村处于不同的技术阶梯之上,城乡之间的技术流动往往体现为由城市到农村的单向流动。城乡间的技术流动在城乡互动中扮演着重要的角色，拉动着城乡二元结构的转化。

首先，城乡间的技术流动可以为传统农业的现代化改造提供支持。传统农业向现代农业的过渡，关键是打破传统农业的技术停滞状态，这需要在农业部门采用凝结现代技术的生产工具、生产资料和技术，而这些现代化的资本品和新技术是由工业部门提供的。因此，现代工业部门是农业技术部门的一个重要源泉。

其次，城乡之间的技术流动往往是借助一定的载体形式来实现的，城乡技术转移构成了城乡产业转移的实质和主线。对于农村地区来说，主动接受城市地区的产业转移和技术扩散，引进和吸收已有的科技成果和管理经验是提高产业竞争能力、缩小城乡差距的重要因素。

2. 制约城乡间技术流动的主要因素

（1）科研体制障碍。过去，中国的农业科研体制基本照搬苏联的模式，其激励机制主要以成果数量和评奖为导向，而与应用和需求相脱节。在管理方式上，农业科研由多部门各自管理，部门利益影响资源有效配置，这进一步导致了一些农业科研项目由政府意愿或专家偏好而定，与市场需求严重脱节。此外，民间投资对农业科研的参与明显滞后，中国农业私人投资的发育一直比较迟缓，农业科研支出中私人支出占的比重远远低于发达国家的水平，也落后于大多数发展中国家。

（2）转化机制缺陷。我国长期存在科技成果转化难、科研转化率低的问题。据统计，我国每年约有6000~7000项农业科技成果面世，但成果的转化率仅为30%~40%，远低于发达国家水平，像美日等国的农业科技成果转化率为70%~80%，德英法等国的转化率高达90%。[136]导致这种情况的原因，在于农业科研成果转化机制存在缺陷。主要表现在：第一，推广体系落后。现行农业推广体系，依附于政府部门，推广应用活动受制于行政干预，造成科技人员与农业生产相脱节、与农民需求相脱节。第二，服务功能薄弱，推广机构一般仅开展小型单向性服务，缺乏大型综合性服务，经费不足又加剧了推广应用工作的困难，不适应发展现代农业的要求。第三，中介服务缺乏。由于农业科研成果评价缺乏规范的方法，科技成果的研发与应用之间存在壁垒，价格与价值背离，从而阻碍了农业科研成果的转化。

（3）农业科技投资渠道单一。我国农业科研投资主要以政府为主，私人投资占的比例比较少。虽然《"十三五"中国农业农村科技发展报告》显示，2016—2020年，全国农业科研机构"十三五"期间农业科研机构课题经费共投入610.19亿元，比"十二五"时期增加51.23%。但是，由于农业投资渠道单一，我国的农业科研投入与日本、英国、法国、德国、美国等比较，投入强度相对偏低。而且我国农业科研投入相对集中于中央级科研机构，省级、市级、县级的农业科研投入总量和强度需要加强。

（4）农民素质不高。农民是生产实践和科研成果的应用主体，其文化素质高低决定了农业科技成果的吸纳能力的强弱。《2022年农民工监测调查报告》显示，在全部农民工中，未上过学的占0.7%，小学文化程度占13.4%，初中文化程度占55.2%，高中文化程度占17.0%，大专及以上占13.7%。在农民工群体中，初中以下文化程度的占到69.3%。这样的人员受教育结构，对科技成果的吸纳明显出现困难。随着农村劳动力转移速度的加快，许多高素质劳动力逐渐转移到非农产业，滞留在农业生产领域的农民文化素质进一步下降，这使农业科研成果转化面临着更艰巨的矛盾。

3. 加快城乡间技术流动的对策建议

1）完善城乡技术创新体系

明确城乡技术创新主体在促进城乡协调发展中的定位与功能，以建设企业为主体、产学研相结合为途径、产业技术创新体系为突破口，努力构建以政府为引导、充分发挥市场配置资源的基础性作用、各类科技创新主体紧密关联和有效互动的城乡技术创新体系。在农村，要培育一批竞争力和带动力强的科技型龙头企业，积极鼓励和引导工商企业、龙头企业、科研单位、科技人员及其他主体，真正成为研究开发投入的主体、技术创新活动的主体和创新成果应用的主体。

2）健全城乡技术创新投入机制

重点加大农业科技的投入强度。国家财政应增加对农业科技的投入比例，扭转目前我国财政农业科技投入比例逐年下降的局面。随着科技和经济体制改革的不断深入，我国现有的主要依靠政府投资的农业科技投资体制已不适应农业科技创新的发展趋势，改革农业科技投资来源和投资结构势在必行。除继续保持政府对农业科技财政拨款的主渠道外，还必须依靠全社会的力量，逐步形成多渠道、多形式、全方位的多元化的农业科技投入机制。此外，还要充分合理利用外资，以弥补我国农业和农村科技资源与经费的不足。

3）提高农民科技文化素质

农民科技文化素质的高低决定着技术在农村应用程度的高低。因此，要大力发展农村基础教育，办好农村中小学，普及九年制义务教育，使更多的农村青少年能够受到良好的学校教育。在职业技术教育方面，要充分利用现有的职业技术学校和职业中学，并根据生产需要，采取多种形式对农民进行职业技术教育，不断提高农民的农业生产技能。在农村科技普及工作方面，要发挥各级技术推广组织的作用，通过县、乡、村、户四级农业技术推广体系的示范、宣传工作，大力普及农业科技知识，不断提高农民科技素质，为农业科技创新奠定良好的人力资源基础。

5.5.3 依托城镇网络促进城乡间的自组织协调

5.5.3.1 城乡自组织协调的内涵

城乡自组织协调是指城市和乡村在不受任何特定外来干预的情况下，以内部矛盾为依据，以系统的环境为条件的系统内部以及系统与环境之间的自发运动。这种自发运动是在承认城乡间差别性的基础上，保持城市与乡村的互补性和不可分割性，以城乡开放性为前提，以城乡之间的非线性相互作用为内在动力，以涨落作为城乡系统自组织演化的初始动因，通过优化城乡关联结构和构造一个有序的空间组织过程，达到改善城乡发展整体效果的目的。城乡自组织协调具有以下特征。

（1）强调城乡发展的整体性。城乡自组织协调在承认城乡差异性的基础上，把城乡作为一个综合的、有机的整体来看待。城乡之间的综合性特征体现在其不仅是各子系统、各要素的综合，也是空间关联和时间关联的综合，还是各种能量、信息和物质等要素流的综合。城乡之间的有机性，主要表现为整体内部以及整体与外部环境之间的物质、能量和信息的交换，城乡之间的要素流动越通畅，城乡区域经济整体的有机程度越高，则整体的组织化程度也就越高。[137]因此，城乡自组织协调，实际是把城乡系统的各个部分、各个要素和各个方面联系起来，有机地组织起来，使之成为一个有机的整体。

（2）以城乡系统的充分开放性为前提。保持开放性是城乡系统正常运行的前提，封闭的城乡关系只能导致城乡之间的隔离与城乡之间横向和纵向联系的薄弱,不能形成合理的劳动地域分工和城乡网络化的经济系统。只有在开放的前提下,从外界引入负熵流,才能使孤立的城乡系统自发地从无序结构向有序结构转化。随着城镇网络和基础设施网络的逐渐形成,城乡之间的开放性不再是单维的、平面的、封闭的和静态的,而具有了多维、多变量、多层次和多因素纵横交错的开放系统。

（3）是系统自发演化的过程。相对于"外力论",城乡自组织协调是一种自发自我演化的过程,而不是受到某种特定指令的结果。因此,在城乡系统的自组织过程中,内部原因是根本,系统内涨落、非线性等是系统演化的内在动力。但同时,我们也不能忽视外部因素的作用,城乡系统的有机性,不仅表现为整体内部要素之间的联系,而且也表现为与外部环境和过程持续性的联系,即反映系统整体存在与发展过程中环境整体和要素之间的关系。城乡之间的自组织,作为一种过程演化的哲学上的概念抽象,包含着三个过程：由非组织到组织的过程演化；由组织程度低到组织程度高的过程演化；在相同层次上由简单到复杂的过程演化。

（4）以实现整个系统的最优化为目的。城乡系统是大而复杂的系统和多目标的系统,系统的优化应该是在整体目标的指导下,协调各子系统或要素的关系,通过最佳的空间配置使个体要素充分发挥作用,整体效益达到最优,使城乡地域经济空间组织形成"自我持续发展"的能力。

5.5.3.2 城乡自组织协调的途径

在一个开放的城乡地域系统中,城乡之间的自组织协调主要通过"区域的内部性外部化"和"区域的外部性内部化"两种途径。这里的"区域"可以界定为一个特定的城市或乡村。所谓区域的内部性,就是由区域内部的多种发展要素所决定的经济结构、技术构成、市场力和经济水平等交汇而成的区域基本特征,它存在于区域之间；相应地,区域的外部性就是相对于某个区域而言的外部区域的内部性,它存在于区域之外。

"区域的外部性内部化"是指区域的外部性因素对内部性影响居主导作用,而使区域内部性发生变化的过程。这种过程所产生的组织效应是十分显著的。在开放的城乡之间,由于要素的流动性和市场机制的作用,某些优于区域内部性的外部因素由区域外向区域内的涓滴、渗透和转移,使之逐步优化区域的资源配置,推动经济结构的调整和提升,并因外部新因素的进入而获得新的发展。这种外部新因素的进入还会引起区域发展机制的变革，比如，资源的优化配置会带动企业和行业组织结构的调整，城乡经济发展的组织化、社会化程度也因组织结构的调整而不断提高等。

"区域的内部性外部化"是指区域的内部性因素对外部性影响居主导作用，而使外部区域发生变化的过程。在现实经济生活中，区域内部性的外部化也是普遍存在的，比如，城乡网络化发展中城市对乡村发展的积极影响表现为现代城市的技术、信息、资金、人才、管理和文化等因素，由城市向乡村涓滴、扩展和流转等。这些因素以不同的方式作用于乡村。城市对乡村的这种内部性外部化作用不仅带动了乡村经济发展，同时也扩展了城市的发展空间。区域外部性的内部化和内部性的外部化反映了城市和乡村在经济增长过程中所形成的广泛联系，而使各自的"内部性"发生深刻变化的过程，在不同层次、不同方面形成城市和乡村发展的市场联系和区域相关性，逐步改善和优化了城乡地域经济发展的空间结构。

5.5.3.3 城乡自组织协调的强化

（1）强调城乡发展的整体性。首先，要进行一体化的城乡规划，充分考虑到城市和乡村的利益，注重城乡之间的交流与合作。其次，在研究和制定发展政策时，也要以整体思想为基础，不论产业政策、环境政策、投资政策、财政和金融政策，都应有利于城乡之间的融合发展，有利于加强城乡之间的有机联系。最后，要加强城市之间、城乡之间、乡村之间的分工和合作，促进城乡相互间资源分配和规划布局上的协调，使城乡系统的整体性功能得到优化。

（2）社会主义市场经济体制下，为了保持城乡区域经济的整体性发展，既要利用市场经济法则和发挥市场经济的活力，又要努力实现政府宏观调控，并在规划与管理上采用自下而上与自上而下相结合的方式，以充分发挥整体优势。[138]

（3）既重视城乡之间的合作，又要注重城乡之间的竞争。城乡是存在同一性的整体，又是存在差异性的个体。整体统一性表现为协同因素，个体差异性表现为竞争因素。因此，在政策制定的过程中，我们既要重视城乡之间的分工与协作，又不能忽视市场机制的作用，人为地压制城乡之间的竞争。要通过竞争和协同的相互对立、相互转化，以竞争、互补和协同的城乡网络关系代替传统的城镇等级体系和分割的城乡关系，从而推动城乡系统的演化发展。

5.6 本章小结

本章在比较区域网络型增长模式和增长极增长模式差异性的基础上,提出了依托城镇网络退出城乡协调闭锁状态的设想,并对其必要性和可行性进行了论证。在进行可行性研究之后,本书从交易效率提高、市场机制和政府政策共同作用两个方面,分析了依托城镇网络退出城乡闭锁状态的保障。而后,对依托城镇网络退出城乡协调闭锁状态的过程进行了深入细致的分析。

6 依托城镇网络推进城乡协调发展的阶段安排

城乡之间要素流动的流量和速率取决于城乡之间的联系程度，所以，对全国及不同区域城乡关系发展的状态、程度进行系统化、定量化的测度，是城乡协调研究要解决的重要问题。对城乡协调关联度的科学界定，可以为制定促进城乡关系发展的对策，提高城乡空间组织化程度提供可靠的科学依据。

6.1 城乡协调发展评价指标体系的构建

6.1.1 指标体系的构建原则

城乡协调发展评价指标体系设计的总体目标为全面、准确、科学地反映城乡关系发展状态并进行综合评价和判断，体现城乡融合、城乡均衡发展的发展观。指标选取的原则可以用以下几点来概括[139]。

（1）科学性。指标的选取要符合科学规律，能较好地体现研究的基本原则以及目标实现的程度。避免指标体系过大、指标层次过多、指标过细，评价指标体系在实际应用中应具有足够的灵活性和可操作性。

（2）系统性。指标体系作为一个整体应能较全面地反映城乡关系的主要特征和发展状况，即应从社会、经济、基础设施、自然等诸方面分别设置相应指标。

（3）稳定性。为了便于区域指标的纵向对比，在一定时期内，所选指标应保持相对稳定，这样可以比较和分析城乡关系的动态发展过程。

（4）可操作性。指标的选取要在准确反映城乡协调发展水平的基础上，尽量选取具有共性的综合性指标，力求数据的可得性而且应该尽量选择可量化的指标，同时注意数值资料的可信度和可获得性，核心指标可经多种途径互相验证、对比。指标的设置要少而精,在实际分析中要易于计算和评价分析。

6.1.2 指标体系的构建

城乡协调的内涵就是城乡发展的关联性和组织性,这里运用层次分析法(AHP)的解题思路,对城乡关系进行定量的评价,将繁杂问题分解为若干组成因素,并将这些因素按不同性质进行分组,形成有序的递阶层次。

依据城乡协调发展的含义,结合各种要素在城乡间相互作用的复杂过程,本书选取空间联系水平、经济联系水平、社会联系水平、生态联系水平四方面的信息作为反映城乡关联水平的一级指标;选取城镇化率、公路网密度等14个指标来构建综合评价指标体系(见图6-1),相应的各分类指标及其说明如下[140]。

空间联系水平:城乡空间是城乡社会经济发展的物质载体,是城乡网络各种要素流的依托和保障,为城乡协调发展提供了一个不可或缺的硬环境。本书选取了城镇化率、公路网密度等4个指标。

经济联系水平:实质是指经济活动中各种经济行为及行为者之间相互联系、相互依赖、相互影响的关系总和。它主要基于城乡之间生产联系的劳动力、原料、资本和产品流动状况等。本书选取了第二、三产业占GDP比重,农业机械总动力等4个分析指标。

社会联系水平:主要侧重评价城乡社会服务体系的发展水平,评价城乡人口在接受社会服务时的公平程度。本书选取了每万人拥有大学生数、每千农业人口乡村医生和卫生员数、收入变异系数情况等4个指标。

生态联系水平:其反映了自然条件对城乡之间要素流转的隔绝情况和自然资源承载能力,主要基于城乡自然资源合理利用及相互影响的污染物排放与处理率。本书选取了污水处理率和建成区绿化覆盖率2个分析指标。

6　依托城镇网络推进城乡协调发展的阶段安排

```
                    ┌─────────────────┐
                    │ 城乡协调发展评价 │
                    └────────┬────────┘
                             │
        ┌──────────┬─────────┼─────────┬──────────┐
   ┌────┴─────┐┌───┴──────┐┌─┴────────┐┌┴─────────┐
   │空间联系水平││经济联系水平││社会联系水平││生态联系水平│
   └────┬─────┘└───┬──────┘└─┬────────┘└┬─────────┘
        └──────────┴─────┬───┴──────────┘
                    ┌────┴─────────────────────────┐
                    │城镇个数、农业机械总动力、污水处理率……│
                    └────┬─────────────────────────┘
                         │
                  ┌──────┴──────┐
                  │ 城乡协调关联度 │
                  └─────────────┘
```

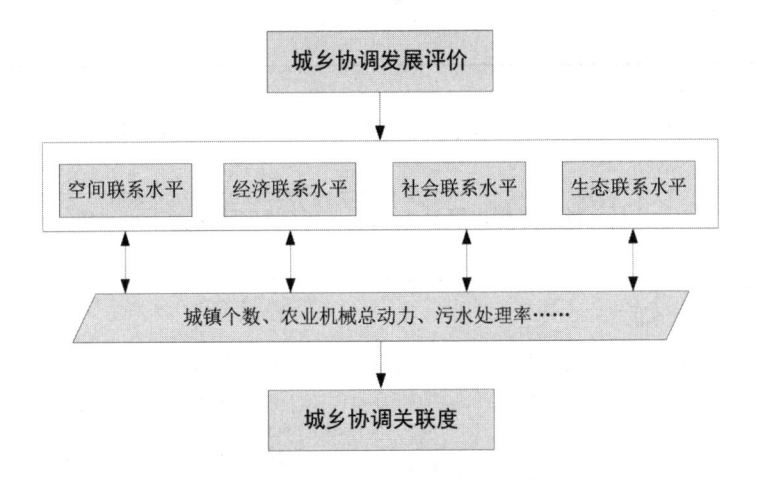

图6-1　城乡协调发展评价指标体系构建

根据评价原则及目标，要在众多的城乡协调关系表现中选择最有代表性的指标因素，具体步骤为[141]：（1）指标初选：通过以上对影响城乡协调指标的具体分析，将能够反映城乡关联程度目标、原则的主要指标确定为评价指标体系的内容。指标可以是调查统计数据，也可以借鉴相关研究成果；（2）征询和筛选：对初选指标进行专家意见征询，逐步去掉那些相互重复或具有明显相关的指标；（3）指标的确定：根据专家意见，进行指标筛选、分类和归纳，最后确定评价指标体系。城乡协调发展评价指标及其含义见表6-1。

表6-1　城乡协调度评价指标及其含义

目标层	功能指标层（X_j）	分析指标层（X_{ji}）	指标含义	指标性质
城乡协调关联度	空间联系水平（X_1）	城镇化率（X_{11}）	城镇人口数/总人口数	+
		公路网密度（X_{12}）	千米运营里程/占地面积	+
		电话普及率（X_{13}）	电话用户数/人口总数	+
		互联网年末用户（X_{14}）	互联网年末使用人数	+

续表

目标层	功能指标层 (X_j)	分析指标层 (X_{ji})	指标含义	指标性质
城乡协调关联度	经济联系水平 (X_2)	批发零售市场数 (X_{21})	批发零售的市场个数	+
		第二、三产业GDP比重 (X_{22})	第二、三产业GDP/GDP总量	+
		农村从业人员中非农产业人员比重 (X_{23})	农村从业中非农产业人数/农村从业人员总数	+
		农业机械总动力 (X_{24})	用于农业的各种动力机械的动力总和	+
	社会联系水平 (X_3)	每万人拥有大学生数 (X_{31})	大学生数/人口数（万人）	+
		人均邮电业务总量 (X_{32})	邮电业务总量/人口数（人）	+
		每千农业人口乡村医生和卫生员数 (X_{33})	乡村医生和卫生员数/农业人口数（千人）	+
		收入变异系数 (X_{34})	1-农村居民人均年收入/城市居民人均年收入	-
	生态联系水平 (X_4)	污水处理率 (X_{41})	污水处理达标量/排放量	+
		建成区绿化覆盖率 (X_{42})	绿地面积/土地总面积	+

6.2 城乡协调发展的历史分析和区域比较

6.2.1 评价分析方法

6.2.1.1 指标权重的确定

每个指标在体系中的相对重要程度不同，因而要赋予不同的权重数。本书运用定性定量综合集成的方法确定权重，并结合专家咨询。由专家和决策者对所列指标通过两两比较确定每一层次因素对上层目标重要性的总排序，再通过咨询多位专家确定每一层次目标相对上层目标的单因子权重。

利用AHP法确定指标权重的步骤为：（1）建立层次结构模型；（2）

构造判断矩阵；（3）层次单排序及其一致性检验；（4）层次总排序及其一致性检验。

基于上述方法确定出的城乡协调评价指标的权值如图6-2所示。

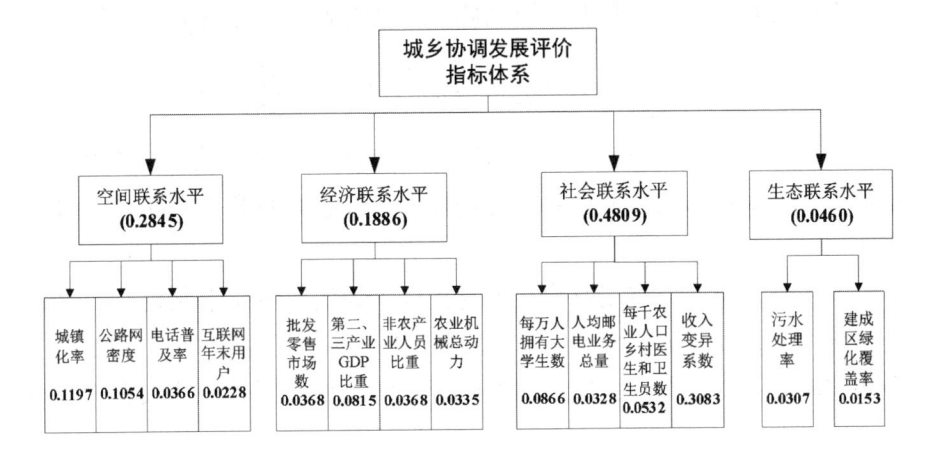

图6-2 AHP法确定的城乡协调评价指标权重

城乡协调发展评价指标体系

- 空间联系水平（0.2845）
  - 城镇化率 0.1197
  - 公路网密度 0.1054
  - 电话普及率 0.0366
  - 互联网年末用户 0.0228
- 经济联系水平（0.1886）
  - 批发零售市场数 0.0368
  - 第二、三产业GDP比重 0.0815
  - 非农产业人员比重 0.0368
  - 农业机械总动力 0.0335
- 社会联系水平（0.4809）
  - 每万人拥有大学生数 0.0866
  - 人均邮电业务总量 0.0328
  - 每千农业人口乡村医生和卫生员数 0.0532
  - 收入变异系数 0.3083
- 生态联系水平（0.0460）
  - 污水处理率 0.0307
  - 建成区绿化覆盖率 0.0153

6.2.1.2 单项指标评价模型

将指标进行无量纲化处理，以消除量纲差别，作为指标的数量化值，采用Z值方法，计算公式如下：

$$\begin{cases} X'_{ji} = (X_{ji} - \bar{X}_{ji})/S_i & （对正向指标）\\ X'_{ji} = (\bar{X}_{ji} - X_{ji})/S_i & （对负向指标） \end{cases} \quad (6-1)$$

其中，$\bar{X}_{ji} = \dfrac{1}{n}\sum_{k=1}^{n} X_{ji(k)}$

$$S_i = \sqrt{\dfrac{1}{n}\sum_{k=1}^{n}\left[X_{ji(k)} - \bar{X}_{ji}\right]^2} \quad (6-2)$$

式中：X_{ji}是第j个功能指标中第i个分析指标的原始值；$\bar{X}_{ji}$是第j个功能指标中第i个分析指标n个样本的平均值；$X_{ji(k)}$是第j个功能指标中第i个分析指标的第k个样本值。

单项指标评价模型为

$$D_{ji} = w_{ji} X_{ji} \quad (6-3)$$

式中：D_{ji}是第j个功能指标中第i个分析指标的城乡协调关联度；w_{ji}是相应

指标的权重。

6.2.1.3 综合指标评价模型

本书采用多目标线性加权求和模型来评价综合性指标,计算值越大说明相应指标越趋于理想状态,城乡协调关联度越高。具体数学模型为

$$D = \sum_{i=1}^{4} w_{1i} X_{1i} + \sum_{i=1}^{4} w_{2i} X_{2i} + \sum_{i=1}^{5} w_{3i} X_{3i} + \sum_{i=1}^{2} w_{4i} X_{4i} \qquad (6\text{-}4)$$

式中:D是综合指标的城乡协调关联度;w_{ji}是各指标的权重值;式中的四项加权求和值依次为空间联系、经济联系、社会联系和生态联系的水平指数。

由于综合指标值有正有负,不易比较。为使数值便于比较,需进行数学变换,将数值统一为正值。具体方法是令评价最小值为1,其余数字做相应转化;对转换后的数字,令其最大值为100,其他数值根据比例类推,计算公式为

$$D'_i = \frac{D_i}{D_{i\max}} \times 100 \qquad (6\text{-}5)$$

式中:D'_i是第i年或i地区综合评价指标的标准化值;$D_{i\max}$是第i年或i地区综合评价值中的最大值。

6.2.2 城乡协调发展的历史分析

城乡协调发展的历史分析主要是针对中国过去一段时间的历史趋势分析,为分析中国城乡协调发展的阶段性提供理论依据和数据支持。研究思路是利用上面构建的指标体系和评价分析方法,收集相关指标的历史数据,在数据整理分析的基础上,获得历史发展趋势。

6.2.2.1 数据处理与分析

基于上述指标体系,本书选用了中国1993—2007年共15年的相关数据。数据来源为《中国统计年鉴》(1994—2008年)。在收集、整理上述数据的基础上,对各指标历年数据进行无量纲化处理,并计算各指标协调水平和协调关联度,分析结果见表6-2和图6-3。

表6-2　1993—2007年中国城乡协调关联度测评结果

年份	城乡协调关联度	空间联系水平	经济联系水平	社会联系水平	生态联系水平
1993	48.55	54.89	72.92	76.95	88.49
1994	47.44	55.80	73.86	73.31	89.54
1995	58.13	56.80	76.09	82.67	90.46
1996	73.72	58.75	79.41	96.59	90.46
1997	80.70	60.75	82.71	100.00	90.88
1998	83.42	62.91	86.90	97.47	91.38
1999	79.24	65.21	88.24	88.33	92.61
2000	78.33	68.18	90.46	81.03	94.92
2001	78.86	72.43	91.65	75.34	96.54
2002	74.90	75.62	92.44	66.12	97.57
2003	71.18	78.64	94.98	56.29	98.13
2004	75.61	81.37	92.48	60.40	98.56
2005	90.91	93.29	96.30	63.05	99.08
2006	95.03	96.07	99.43	63.74	97.40
2007	100.00	100.00	100.00	63.52	100.00

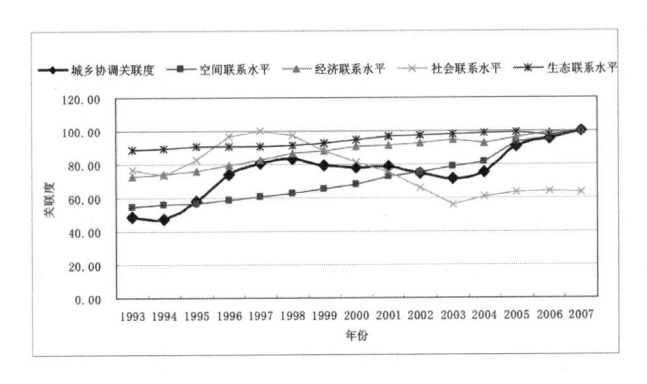

图6-3　1993—2007年中国城乡协调关联度变化趋势

6.2.2.2 历史趋势分析和城乡协调发展的阶段性

由图6-3可以看出，中国城乡协调发展的历史大体可以划分为以下三个阶段。

（1）城乡协调稳步提升阶段（1993—1998年）。在这一阶段，我国的城镇化率、公路网密度等空间联系指标都呈现逐步上升的趋势，城镇化率从27.99%上升到31.91%，公路网密度由0.113上升到0.128千米/平方千米。1997年之前，由于面临着一个经济高速增长的宏观环境，整个乡镇企业的发展势头较为强劲。另外，由于城市户籍制度的逐渐松动，农村劳动力开始大规模向城市转移，城乡之间的要素流动性增强，城乡协调发展的经济联系水平也呈现不断上升的趋势。1993年以后，由于我国实施了粮食保护价收购政策，农村劳动力非农化进程加快，因此，1993—1997年间，农民收入有了较快的增长，城乡收入变异系数总体上呈现下降的趋势，导致城乡社会联系水平不断上升。虽然1997—1998年间，城乡变异系数开始增大，城乡联系水平开始下降。但是，由于空间联系水平、经济联系水平和生态联系水平上升的正效应抵消了城乡社会联系水平下降的负效应，城乡协调水平总体上仍呈现上升的趋势。

（2）城乡协调逐渐下降阶段（1998—2003年）。自1997年开始，由于受东南亚亚洲金融危机的冲击和国内竞争的加剧，以及舆论上的批评和政策上的收紧，乡镇企业的增长速度放缓，同时其产业结构朝着资本密集化方向发展，吸纳就业的能力大幅度下降。相应地，农村劳动力转移模式由就地转移转变为跨区域转移，大量的农村优质劳动力向城镇迁移，城乡间要素的单向流动使城乡收入变异系数急剧上升，城乡社会联系水平急剧下降。这一阶段，虽然经济联系水平、空间联系水平和生态联系水平都是上升的，但并不能抵消社会联系水平所造成的负效应，城乡协调关联度呈现下降的趋势。

（3）城乡协调逐步提高阶段（2003—2007年）。2002年10月，党的十六大召开，第一次提出了"统筹城乡经济社会发展"的战略思想。2004年以来，连续四年出台了指导农业农村工作的中央"一号文件"，制定了"多予、少取、放活"和"工业反哺农业、城市支持农村"的方针，出台了一系列惠农支农政策，规划了"建设社会主义新农村"的基本任务，农业农村经济保持了持续快速健康发展，粮食生产连续三年实现丰产丰收，农民收入增长较快。在这一阶段，城镇化率和公路网密度有了较大幅度的提高，城乡空间联系水平对城乡协调关联度的作用开始显现。城乡经济联系和生态社会联系水平也依然维持着一贯的上升趋势，同时，由于农民收入的快速增长，城乡收入变异系数增长的幅度放缓，城乡社会联系水平也有了逐步上升的趋势。总之，在城乡经济联系水平、生态联系水平、空间联系水平和社会联系水平的共同推动下，城乡协调关联度呈现逐步上升的趋势。

城乡协调关联度是城乡发展的空间联系、经济联系、社会联系和生态联系共同作用的结果，由以上的分析可以看出，在这三个阶段里，因为城乡协调发展的空间联系水平、经济联系水平和生态联系水平都是稳步上升的，所以，城乡协调关联度的波动主要取决于城乡社会联系的波动。在城乡协调社会联系中，占比重最大，起决定性作用的是城乡收入变异系数。因此，城乡收入变异系数是影响城乡协调关联度的重要指标，而城乡收入变异系数的变化又主要受国家政策调整的影响。

6.2.3 城乡协调发展的区域比较

城乡协调发展的区域比较主要是针对中国各地区的城乡差异进行比较，为分析中国城乡协调发展的地域性提供理论依据和数据支持。研究思路是利用上面构建的指标体系和评价分析方法，收集各地区相关指标的数据，在数据整理分析基础上，进行区域差异比较。

6.2.3.1 数据处理与分析

本书选用了中国（不包含港、澳、台地区）2007年的相关数据进行区域比较。数据来源为《中国统计年鉴2008》《中国农村统计年鉴2008》《中国卫生统计年鉴2008》。分析结果见表6-3和图6-4。

表6-3 中国区域城乡协调关联度测评结果

地区	城乡协调关联度	空间联系水平	经济联系水平	社会联系水平	生态联系水平
北京	98.18	90.91	99.89	100.00	98.13
天津	88.69	81.78	93.56	96.47	98.75
河北	62.30	63.18	88.21	75.31	97.37
山西	56.41	64.74	90.28	64.81	95.59
内蒙古	48.00	59.35	82.33	62.90	91.91

续表

地区	城乡协调关联度	空间联系水平	经济联系水平	社会联系水平	生态联系水平
辽宁	69.55	70.62	89.01	79.73	97.68
吉林	58.34	65.13	79.41	74.18	95.11
黑龙江	62.21	63.15	81.04	81.05	94.05
上海	100.00	100.00	100.00	95.32	98.59
江苏	77.63	77.46	95.26	81.66	100.00
浙江	73.69	76.81	97.05	76.90	96.25
安徽	48.86	65.34	80.03	58.24	97.67
福建	62.10	67.88	85.78	72.27	98.51
江西	55.37	62.09	78.46	71.20	98.36
山东	71.33	73.76	96.28	74.99	98.93
河南	60.23	68.28	91.08	66.62	97.06
湖北	58.85	66.97	81.09	71.22	97.90
湖南	48.01	62.97	78.93	59.93	96.71
广东	67.15	82.78	95.66	62.92	96.90
广西	34.89	56.40	74.13	48.51	96.22
海南	44.61	62.35	63.26	63.75	98.89
重庆	49.49	71.32	80.86	54.73	96.01
四川	43.78	56.63	75.84	60.49	96.57
贵州	26.79	55.41	75.44	38.12	92.31
云南	33.78	62.25	76.36	41.23	95.51
西藏	25.39	48.50	73.12	46.88	83.48
陕西	45.11	61.72	82.82	53.46	98.34
甘肃	29.28	52.40	77.99	42.84	92.01
青海	33.56	54.27	79.30	48.90	87.85

6 依托城镇网络推进城乡协调发展的阶段安排

续表

地区	城乡协调关联度	空间联系水平	经济联系水平	社会联系水平	生态联系水平
宁夏	42.73	58.68	81.46	55.64	92.78
新疆	39.09	55.13	76.12	56.73	91.59

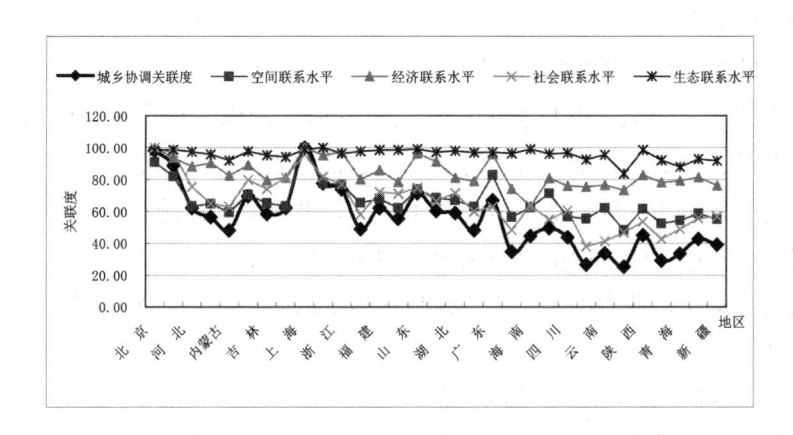

图6-4 中国区域城乡协调关联度变化趋势

6.2.3.2 区域分析和城乡协调发展的地域性

为对各区域特点及差异进行分析，本书采用聚类分析的方法进行了聚类，聚类结果显示，中国不同区域的城乡协调状况并不相同，具有很强的地域性，大体可以划分为以下四个区域。区域之间城乡协调关联度受多种因素的影响，根据图6-4的显示，由于各区域生态联系水平差异较小，因此，各区域城乡协调关联度的差异主要来自城乡空间联系水平、城乡经济联系水平和城乡社会联系水平的差距。其中，城乡空间联系水平和城乡协调关联度的变化趋势最接近，因此，城乡空间联系水平是决定不同区域城乡协调关联度的基础。

1. 城乡协调关联度高的区域

分析的最终结果显示，中国城乡协调关联度高的地区为上海、北京、天津、江苏、浙江、山东、辽宁、广东。除了辽宁和山东外，中国城乡协调关联度高的省份大部分都位于珠三角、长三角、京津冀等城镇体系比较发达、交通网络比较完备的区域，这些区域空间联系水平比较高，城乡分工体系逐渐形成，城乡间要素流动比较顺畅，城乡自组织程度比较高。

2. 城乡协调关联度较高的区域

中国城乡协调关联度较高的区域为：河北、黑龙江、福建、河南、湖北、吉林、山西、江西、重庆，这些地区城镇化水平和道路等基础设施发育较好，空间联系水平相对较高，但是，城乡之间还没有形成比较完善的分工体系，要素流动也多体现为从农村到城市的单向流动，城乡间自组织协调程度不高。

3. 城乡协调关联度低的区域

中国城乡协调关联度低的区域为：安徽、湖南、内蒙古、陕西、海南、四川、宁夏、新疆，这些地区大多数都位于中、西部地区，和东部地区发达的省份比，这些地区城镇化水平比较低，基础设施不太完善，经济发展水平较低。区域内部以及区域和周边环境间的分工与协作比较松散，区域间要素流动动力不足，流动过程中遭受的阻力较大，区域间自组织程度较低。

4. 城乡协调关联度很低的区域

中国城乡协调关联度很低的区域为：广西、云南、青海、甘肃、贵州、西藏，这些省份都位于我国偏远的西部地区，区域内城镇化水平比较低，基础设施比较薄弱，空间联系水平比较低。由于经济发展落后，城市之间、城乡之间、乡村之间的联系比较弱，空间自组织程度很低。

6.3 依托城镇网络渐进式推进城乡协调发展的步骤设计

由前面对城乡协调发展的历史分析和区域比较得出，我国城乡之间的协调关联不是静态的、同质的，而是具有一定的阶段性和地域性。因此，依托城镇网络推进城乡协调发展的过程也不可能是一蹴而就的，必然是渐进的、有序的。

6.3.1 渐进式推进城乡协调发展的设计原则

6.3.1.1 短期目标和长期目标相结合的原则

城乡之间的协调发展，要注重短期目标和长期目标的结合。既要出台一些有利于缓解当前城乡矛盾能够"治标"的措施，如粮食直补、减免农业税、家电下乡等。又要实施从长远看能够建立农民收入增长的长效机制、加强城乡之间的互动和联系的政策措施，比如农村基础设施完善、城乡分割的制度创新等。城乡之间的协调发展是一个长期的、复杂的过程，必须从全局的角度综合考虑，既要贯彻好短期目标，实现农民收入的短期增长，保证社会稳定、有序的发展，又要时刻关注城乡协调发展的长期目标，采取有效的措施从根本上缩小城乡差距、实现城乡自组织协调。因为支农资金和政府精力的有限性，短期措施与长期安排在一定程度上是有可能存在矛盾和冲突的。政府要恰当地安排和运用当前的支农资金，始终把结构调整和体制转型摆在根本和核心的位置，从根本上理顺城乡社会关系，同时要兼顾到短期内农民收入的增长。

6.3.1.2 循序渐进的原则

工业反哺农业、城乡协调发展是一个长期的历史过程，不可能一蹴而就，必须按照循序渐进的原则。中国实现城乡的协调发展，可以按照以下的层次展开。一是夯实基础，加强农村的道路、通信等基础设施建设，形成城乡完善的交通网络和信息网络，增强城乡之间的空间联系水平。二是在城乡交易成本降低、城乡空间联系增强的前提下，依托城镇网络、交通网络和信息网络，促进城镇之间、城乡之间和乡村之间的分工和专业化，加强城乡之间的竞争和协作。三是在城乡间形成了比较合理的分工体系的基础上，统筹城乡要素配置，按照自由选择原则，允许城乡劳动力和人口自由流动，形成合理的劳动力配置和人口分布；按照平等交易原则，实现资金、土地、技术等要素在城乡之间的优化配置。四是依靠城乡之间的分工和要素流动，不断提高城乡之间的自组织水平，通过优化城乡关联结构和构造一个有序的空间组织，把城乡系统的各个部分、各个要素和各个方面联系起来，有机地组织起来，使之成为一个有机的整体，达到改善城乡发展整体效果的目的。

6.3.1.3 相似收益下改革成本最小的原则

城乡之间的协调发展其实是一个不断打破旧有体制、创造新体制的过程。在旧体制的改革过程中，必然会受到旧有体制既得利益集团的阻挠，处理不好的话，有可能会出现一些不安定的因素，加大改革的成本。因此，在关注城乡协调收益的同时，一定要考虑到改革的成本，改革要依据相似收益下成本最小的原则进行。在城乡分治的背景下，中国形成了由城乡分割制度所构成的制度网络，制度之间相互关联、耦合，形成错综复杂的关系。改革可以考虑先从农村的社会保障制度做起，逐步建立农村医疗保障制度和农村养老保障制度，并不断扩大医疗保障额度和提高农民养老金标准，给农民以市民待遇。当城乡间的福利水平已经缩小到足够小时，政府再逐步调整土地、户籍、就业、教育、医疗等诸多制度设计，这种改革的方式对既得利益阶层的触动比较小，改革成本也应该是比较小的。

6.3.2 城乡协调发展的步骤设计

6.3.2.1 加强城乡之间的空间联系

城乡协调发展的首要任务是构建城乡之间的空间联系网络，加强城乡之间的空间联系水平。通过加快交通通信等基础设施建设，为促进城市经济与乡村经济的融合铺平道路。通畅的交通运输便利了城乡经济发展中劳动力要素、物质要素的流动，发达的通信设备保证了技术、信息要素流动的快捷性和准确性。

在城乡空间联系网络构建的过程中，要注重城乡间的生态关联性，在城市与城市之间、多个城市之间的中心腹地、城市与乡村之间，设立生态走廊和生态保护区，以防止各城市在地域上连成一片，由此造成整个地区生态环境的破坏。

另外，在城乡协调发展的低级阶段，政府要从信贷、税收、价格等方面加大对"三农"的支持力度，在保障农民最低生活水平的基础上，逐步地改善其生产和生活状况。

6.3.2.2 促进城乡产业分工和市场分工

在构建城乡空间体系的基础上，要通过城乡企业网络和市场网络的建设，促进城乡产业分工和市场分工。城市和乡村要依据自己的资源状况、地理位置、交通状况和已有的经济基础，选择具有优势性的产业，积极地参与到城乡分工体系中去。政府要对区域的城乡分工做出指导性的规划，引导不同产业的分散布局和优势性产业在一定范围内的集聚。

城乡的分工发展要突出小城镇的功能建设。城镇是农村人口和农村工业迁入的主要地区，也是中心城市产业转移的承接地。对于一些有潜力的小城镇，应该给予优惠政策以增加其对外部企业的吸引力，创造就业，并使这些城镇融入区域性的劳动力市场和供应链中去。[142]使城镇与城市衔接，增强现代化要素的聚集和向农村扩散的能力，使之成为服务农村的商贸、服务中心，是城乡协调发展的关键。

6.3.2.3 推动要素在城乡间的双向流动

城乡的协调发展需要在产业分工的基础上，破除城乡分割的制度壁垒，促进城乡间劳动力、资本、技术等要素的双向流动。要素在城乡发展空间内的相互交流、相互传递、相互融合，有利于实现城乡之间资源的合理配置，促进城乡经济的共同发展。

首先，必须打破城乡分割的二元公共服务结构，尽快建立城乡统一的公共服务体制，包括公共基础教育、公共卫生和就业服务体制。公共服务是收入分配中最基本的公平对象。实现基本公共服务的最大公平，就是保证个人的起点平等和机会平等，其是实现城乡资源最优配置和产出公平分配的前提。

其次，在推进城乡公共服务统一的基础上，继续深化城乡制度改革。进一步规范户籍制度，取消对农民进城就业的各种不合理限制，使农民和城市居民享有同等的就业权、教育培训权，加快农民的市民化进程；进一步规范农村土地征用制度，保障农民对土地的长期使用权，并探讨确立农民对土地的实际处分权，在土地合理流转的过程中，促进农村剩余劳动力转移，提高农业生产效益。

6.3.1.4 实现城乡的空间自组织协调

城乡协调高级阶段的主要任务是加快城乡之间的自组织协调进程。城乡系统的自组织协调，需要打破区域之间、城镇之间、城乡之间、乡村之间的以行政区划为主导的功能分工和人为设立的要素流动障碍，超越行政区划的界限对区域进行整体规划，统筹安排。实现区域内部的市场开放和要素的自由流动，促进区域内以及与区域外的交流与合作，形成竞争、有序、统一、开放的城乡自组织格局。

社会主义市场经济体制下，为了保持城乡区域经济的整体性发展，既要利用市场经济法则和发挥市场经济的活力，又要努力实现政府宏观调控。既重视城乡之间的合作，又要注重城乡之间的竞争。城乡地域系统通过非线性关联、动态开放和循环自组织，使系统各部分协同互补，实现城乡协调的自组织演化，获得整体效应。

6.4 本章小结

本章在构建城乡协调发展指标体系的基础上,运用层次分析法对中国1993—2007年间15年的城乡协调关联度进行了分析,得出了中国城乡协调发展的历史趋势并进行了阶段划分。而后,以2007年31个地区的面板数据为分析对象,对中国城乡协调的关联度进行了区域比较,得出了中国城乡协调发展的地域性特征。在城乡协调阶段性和地域性分析的基础上,依据城乡协调发展渐进式设计的原则,分四个步骤对城乡协调发展进行了设计。

7 依托城镇网络推进城乡协调发展的问题与对策

尽管中国改革开放40多年来，地区之间、城乡之间的互补性、依赖性和关联性不断增强，但现实经济生活中由于基础设施发展的滞后、制度的障碍和多种人为因素构造的"流动性屏障"，使得城乡之间的要素流动受阻，城乡市场分割，产业结构趋同。只有采取相应的对策，解除这些"流动性屏障"，才能使促进城乡分工体系的完善和城乡间要素的顺畅流转，实现城乡相互融合的自组织演化。

7.1 依托城镇网络推进城乡协调发展的问题

7.1.1 我国基础设施建设的不均衡性

7.1.1.1 我国基础设施建设的总体状况

基础设施是经济社会发展的重要支撑，要统筹发展城乡关系，就必须优化基础设施布局、结构、功能和发展模式，构建现代化基础设施体系。党的十八大以来，我国全面加强了基础设施的建设，电话、网络等基础设施建设已接近中高收入国家水平（如表7-1所示），道路建设已位于世界前列，2022年，全国高速公路里程达到17.1万千米，稳居世界第一，对20万以上人口城市覆盖率超过98%。中国的高速里程高出美国6.5万千米，相当于日本、德国、加拿大、法国、西班牙高速公路里程之和。

表7-1 中国与不同类型国家的基础设施发展状况比较

项目	电话情况	移动电话	宽带数量	互联网数量
全世界	12.9	105.4	14.7	49.2
低收入国家	3.5	97.1	2.9	29.7
中等收入国家	8.3	105.2	11.7	43.8
中高收入国家	14.5	115.5	22.8	63.8
高收入国家	38.6	127.0	33.9	86.7
中国	13.5	111.0	28.8	60.4

注："电话情况"指2016—2020年平均每百人拥有的电话数量；"移动电话"指2016—2020年平均每百人拥有的移动电话数量；"宽带数量"指2016—2020年平均每百人拥有的固定宽带数量；"互联网数量"指2016—2020年平均使用互联网的人口百分比。

7.1.1.2 不同区域的差异性

虽然我国城乡基础设施水平总体上在不断提高，但是不同地区的发展情况却存在很大差异，单从交通运输和邮电通信的角度看，我国东部地区的城乡基础设施发展水平最高，中、西部地区次之，如表7-2所示。不同区域城乡基础设施发展水平的差异，使区域基础设施呈现"过密"和"过疏"的空间布局，不利于区域之间的产业分工和要素流动。

表7-2 我国不同地区的基础设施发展状况（%）

项目	东部地区	中部地区	西部地区
固定资产投资	42.1	26.6	26.2
铁路营运里程	23.3	22.6	40.5
高速公路里程	28.5	26.3	36.3
旅客周转量	34.7	27.9	29.4
货物周转量	36.8	29.0	27.1
邮电业务量	76.4	12.2	8.5
电信业务量	50.0	19.4	23.6

数据来源：《中国统计年鉴2017》。

7.1.1.3 城乡间的差异性

党的十八大以来，国家从新的战略高度先后提出并实施了一系列推动城乡基础设施一体化的政策举措。2015—2017年"中央一号"文件均明确提出，要提升农村基础设施水平，开展农村人居环境整治，推进美丽宜居乡村建设。2017年，党的十九大提出要实施乡村振兴战略，给农村基础设施建设带来前所未有的历史机遇。习近平总书记在党的二十大报告明确提出，"坚持城乡融合发展，畅通城乡要素流动""统筹乡村基础设施和公共服务布局，建设宜居宜业和美乡村"。[143]这一系列重要举措加快补齐了我国农村基础设施的短板，城乡基础设施一体化初见成效。截至2021年年底，我国针对农村道路修建方面的投资额度累计高达7 433亿元，农村公路总里程达到了446.6万千米，比2011年增长了90多万千米。具备条件的建制村基本实现通硬化路、通客车，农村的交通基础设施建设"出行难"问题基本得到有效解决。农村集中供水率达到89%，自来水普及率达到84%，供电可靠率超过99.8%，农村人口供水供电保障水平得到了巩固提升。[144]

但是，在农村基础设施建设取得诸多成效的同时，也应该清醒认识到，我国农业农村发展面临的内外部环境日趋复杂严峻，农村基础设施补短板任务依然艰巨，城乡基础设施一体化进程仍需加快。据《中国城乡建设统计年鉴2021》显示，道路基础设施方面，全国四级以下农村公路占比超过80%，简易铺装或未铺装路面的农村公路占比超过30%，部分桥涵边坡防护设施也存在欠缺。供水和能源基础设施建设方面，农村供水和燃气普及率远不及城市。城市的供水普及率为99.38%，乡和村庄的供水普及率仅为84.16%和85.33%。城市的燃气普及率为98.04%，乡和村庄的燃气普及率仅为33.63%和38.19%。农村的人居环境和城市相比，也存在很大的差距。城市的绿地率为38.7%，而乡仅为8.63%，城市的污水处理率为97.89%，而乡仅为26.97%，如表7-3所示。在京津冀大气污染传输通道"2+26"城市，清洁取暖率达到72%，其中城市地区达到96%，县城和城乡接合部达到75%，农村地区仅为43%。[145]

表7-3 2021年城乡基础设施条件比较

指标	城市	县城	建制镇	乡	村庄
供水普及率（%）	99.38	97.42	90.27	84.16	85.33
燃气普及率（%）	98.04	90.32	58.93	33.63	38.19
人均绿地面积（平方米）	14.87	14.01	2.69	1.69	
绿地率（%）	38.70	34.38	10.88	8.63	
污水处理率（%）	97.89	96.11	61.95	26.97	
生活垃圾无害化处理率（%）	99.97	99.68	91.12	81.78	

数据来源：《中国城乡建设统计年鉴2021》。

7.1.2 城乡要素流动存在制度约束

7.1.2.1 户籍制度

户籍制度是制约我国农村劳动力转移的最基本的制度因素，也是导致城乡协调闭锁状态形成的一个重要成因。改革前的户籍制度是一种城乡隔离的、限制城乡之间劳动力自由流动的户口制度。改革后，尽管农村的土地经营制度发生了巨大变化，但是城乡的户籍政策却依然如故。这种严重制约农村劳动力转移的户籍管理制度直至20世纪90年代初才有所松动。1992年以来，我国开始实施以就业卡管理为中心的农村劳动力跨地区流动的就业制度，开始对小城镇的户籍管理制度进行改革。此后，我国又相继出台了一系列这些户籍管理政策，不断地对传统的户籍制度进行修正，使具有等级和身份意义的户籍制度开始变得模糊起来。

然而，这并未从根本上扭转城乡分割户籍管理分割的局面。农村剩余劳动力向城市转移，既不改变其农村户籍，又不享受城市居民的各种福利和社会保障，也不纳入城市就业管理，这使农村劳动力的流动具有短期性和不稳定性，从而成为缩小城乡差距的体制性障碍。[146]

7.1.2.2 土地制度

农村家庭承包责任制推行调动了农民经营积极性，但随着市场经济的发展，"统分结合"双层经营制度从产权界定、市场流通性和配置效率等方面显现出了制度性缺陷：（1）承包的土地易变性及短期性，使得农民对土地的预期收益有疑虑而不能形成有效的投入和积累机制，农业生产率低；（2）由于经营权利的不可流转性，在收入预期风险目标的制约下，农村土地无法在更大范围内实现土地资源的流转和有效配置；（3）过于细碎的土地分割，使得农业生产缺乏规模效益，不利于农业产业化和现代化发展。[147]

当前，在政府的社会保障功能缺位的情况下，农地产权制度安排依然要承载着农民生存、就业和社会保障等多重职能和角色。虽然党的十七届三中全会在农村土地产权改革上迈出了一大步，提出"赋予农民更加充分而有保障的土地承包经营权，现有土地承包关系要保持稳定并长久不变"与"按照依法自愿有偿原则，允许农民以转包、出租、互换、转让、股份合作等形式流转土地承包经营权，发展多种形式的适度规模经营"。但是，由于缺乏明确的政策和法律规定，多数地方农村土地流转处于自发、分散、无序状态，地方政府强迫农民流转的现象时有发生。另外，由于我国土地流转市场还未形成，关于土地流转的方式、价格、流转可能带来的负面效果，人们认识还不充分，目前还处于摸索阶段。

7.1.2.3 社会保障制度

中华人民共和国成立后，伴随着城乡分割的户籍政策，社会保障政策也被分割为两类完全不同的体系。改革开放后，随着市场经济体制的建立，社会保障体系也发生了很大的变化，单就其属性而言，"二元性"的特征仍未根本改变。首先，乡村的社会保障还不完善。城镇已初步建立了较高水平且完整的社会保障体系，养老保险金已基本实现了社会统筹，建立了国家、企业和个人共同负担的基金模式，医疗保险、失业保险、工伤保险以及女职工生育保险，都在原有的制度上进行了改革和逐步完善。而在广大的农村，除养老保险和医疗保险以外，其他保险项目基本上没有建立起来。其次，城乡的社会保障标准有很大差距。根据《中国社会保障发展报告2016》的数据，城乡的养老金待遇差别也十分明显。企退人员基本养老金连续11年平均每年增长10%以上，2015年全国平均水平为2 200元/月，但城乡居民基本养老金平均不足200元/月，多数地区不足150元/月。

7.1.3 市场和政府的功能较弱

7.1.3.1 市场化程度比较低

目前，我国的市场体系建设已有了长足的进步，但就农业和农村市场体系而言，虽然农产品市场有了较快的发展，但生产要素市场还严重滞后。从劳动力市场来看，劳动力的合理流动仍然受到社会保障制度、人事制度等诸多方面的限制；从资本市场来看，城乡之间存在明显的"二元性"，农村地区的金融市场发育滞后，农民和乡镇企业在资金借贷中受到了一些阻碍。

市场机制的作用难以得到有效的发挥，不仅增加了经济交易的成本，降低了资源配置效率，而且严重制约了城乡二元结构的转型。首先，在不同地区，市场体系的发育程度差异较大，一个完整的、配套的、统一的国内市场尚未形成，特别是农村资金、劳动力、土地、技术、信息五大市场发育程度很低，致使各种生产要素的流动受阻，从而也就难以实现生产资源和要素的合理组合。其次，城乡市场的发育不平衡，尤其是农村市场发育滞后，会促使生产要素从农村向城市单向流动，导致城乡差距的进一步扩大。

7.1.3.2 政府对经济的干预不规范

在社会主义市场经济的发展过程中，从总体上看，既存在政府有效干预不足、宏观调控能力差的问题，又存在政府行为不合理、过度干预的问题。

政府的干预不足，即政府所施行的调控范围较小，力度不同，难以弥补市场失灵和维持市场机制的正常运转，不能使市场的功能按照干预目标正常地发挥作用。政府的干预不足主要体现在以下两个方面：首先，政府对公共产品，尤其是农村公共产品供给不足，农村的基础设施建设落后、基础教育投入不足、农业技术推广体系不完善；其次，政府对市场机制，尤其是对要素市场的干预和调整不足，农村劳动力市场、资本市场、技术等市场发育滞后。

政府干预过度，即政府干预的范围和力度过大，超出了纠正市场失灵和维护市场机制正常运转的合理需要。政府人为干预价格机制的运行，对资源要素价格进行政府管制，相对价格关系扭曲，限制和扭曲了市场机制的作用。

7.2 依托城镇网络推进城乡协调发展的对策

7.2.1 加强城乡基础设施网络的构建

7.2.1.1 促进城乡交通运输网络的建设

1. 交通网络布局要与城乡空间组织相协调

城乡之间的交通网络，必须考虑城乡协调发展的需要，通过建设成大城市—中等城市—小城镇—乡村之间合理配置的综合运输网络，提高城乡通达程度和城乡生产化与社会交往的便捷性，增强城乡经济运行的机动性。城乡交通网络的建设大体可以分为三个层次：一是高速交通网络，既满足城镇群对外联系的需要，又是大区域交通运输走廊的重要组成部分，具有很强的机动性，是上层次交通运输通道的"主动脉"；二是快速交通网络，是地区性的交通通道，是具有政治、经济、文化、国防意义的城市与主要乡镇之间的重要交通走廊；三是普通交通网络，为快速交通系统的补充部分，在各个小城镇之间及小城镇与周边乡村之间的政治、经济和文化交流等方面发挥重要作用。[148]

2. 推动交通与乡村产业融合发展

党的十八大以来，政府加大了对农村道路的投资，我国大力推进交通扶贫，全力消除制约农村发展的交通瓶颈。2012年至2019年，贫困地区新改建旅游路、资源路、产业路约5.9万千米，为广大农民脱贫致富奔小康提供了坚实保障。[149]当前，我国要继续打造交通产业融合发展模式，大力促进乡村振兴。加快资源路、旅游路、产业路建设，打通旅游出行、货运物流、快递服务的"最后一公里"，实现乡村地区交通与现代农业、产业园区、乡村旅游、特色资源等产业深度融合发展，因地制宜地推动农村客货邮融合发展，大力发展"路衍经济"，为全面推进乡村振兴打造新引擎。[150]

7.2.1.2 构建城乡间的信息网络

信息网络是支撑和保障城乡社会经济活动运行的基础要素，是空间关联发生的物质载体，是城乡各种要素流的依托和保障，是城乡空间组织的基础条件。要把城镇的集聚效应、技术效应和辐射效应与乡村的资源优势很好地结合起来，需要在不断优化城乡各自发展结构的同时建立起便捷、通畅的信息网络。

随着市场经济体制的不断深入，市场机制对城乡生产要素配置的作用愈来愈明显，市场对城乡要素的配置主要是靠信息要素的互动实现的，而城乡信息鸿沟的存在阻碍了城乡信息的有效交流，滞缓了城乡经济社会发展的步伐。区域信息交流的便捷顺畅需要强大的产业支持和完善的配套基础设施做载体。通过整合信息资源，建立起资源丰富、信息面广、辐射力强的信息应用系统。同时，要建立一支高素质的农业信息队伍，提高信息服务水平，尽快建立、健全各区各种产业信息服务中心，将网络向乡镇、龙头企业、专业协会延伸，并与全省、全国各省市联网，尽快形成遍布全市、外联全国的农村综合信息网络，加速城乡间信息的有效互动，促进以城带乡战略、以乡促城战略实施。高速便捷的信息网络能突破地域限制，使城市的各种技术、服务等资源快速、有效地从城市传向广大农村地区。要通过信息传递来打破城乡分割、市场独立的格局，建立信息化条件下的城乡统一的商品市场、劳动力市场、土地市场生产资料市场等多元化的统一市场体系，来促进城乡之间的商品、劳动力、土地、资金、技术和信息的流动。

7.2.2 逐步破解城乡协调发展的制度障碍

7.2.2.1 设计一个土地—社会保障—户籍制度改革相互联动的政策组合

中国长期以来所形成的城乡分割的制度壁垒，相互之间不是独立的，而是相互联系、相互补充、相互耦合的制度网络。因此，城乡协调发展制度障碍的破解不可能是一蹴而就的，必然要经过一个复杂的、长期的过程。在这个不同制度相互交织、相互影响的制度网络中，具有关键作用的制度是社会保障制度。只有把福利内容同户籍身份剥离，也就是说，通过把福利上的差距缩小到无须借助户籍身份的转变就可享受到公共服务时，户籍制度的改革就可以顺利进行。另外，正是由于进城农民工的社会保障缺失使得他们无法切断与农村土地的联系，农村土地是他们失去工作时的就业乃至生存保障。因此，我国城乡协调制度障碍的破解要以社会保障制度作为突破口，设计一个土地—社会保障—户籍制度改革相互补充、相互联动的政策组合。

在城市化过程中，与迁移人口和失地农民息息相关的是社会保险、社会救助和住房保障等。社会保险主要包括养老保险、失业保险、医疗保险等，是社会保障的核心体系；而社会救助在我国主要表现为面向城市居民的最低生活保障。除此之外，城市居民的福利还包括子女平等进入城市公立学校的权利。在现阶段，政府首先要做的是建立基本的社会救助体系，把面向城市居民的最低生活保障覆盖到农村居民，并让他们享有子女平等就学的权利和住房补贴，使迁移到城镇的农村居民获得最基本的生活保障，逐步地缩小与城镇居民的福利差距。提高社会保障的覆盖率，推进公共服务均等化，在农民工的医疗、住房、就业等方面，保障其合法权益，使他们能享受到与城市居民同等水平的社会保障，共享城市发展的成果。

社会保障制度的改革，必然导致城乡福利差距的缩小，当城乡间的福利差距缩小到一定程度时，福利因素就和户籍身份相剥离，为户籍制度的进一步改革创造了条件。在这种情况下，政府要顺应形势，逐步放开户籍制度。对于那些在城市工作年限比较长、已经连续多年缴纳社会保险的迁移人口，可以考虑赋予他们城镇户口，让他们享受到城镇居民所拥有的更多福利。2022年，国家发改委印发的《"十四五"新型城镇化实施方案》提出："深化户籍制度改革。放开放宽除个别超大城市外的落户限制，试行以经常居住地登记户口制度。全面取消城区常住人口300万以下的城市落户限制，确保外地与本地农业转移人口进城落户标准一视同仁。全面放宽城区常住人口300万至500万的I型大城市落户条件。完善城区常住人口500万以上的超大特大城市积分落户政策，精简积分项目，确保社会保险缴纳年限和居住年限分数占主要比例，鼓励取消年度落户名额限制。完善城镇基本公共服务提供机制。建立基本公共服务同常住人口挂钩、由常住地供给的机制，稳步提高非户籍常住人口在流入地享有的基本公共服务项目数量和水平，推动城镇基本公共服务常住人口全覆盖。"

在改革社会保障制度和户籍制度的同时，要大力推进土地制度的改革。党的十八大以来，我国不断探索农村土地改革的新方法，通过稳定承包权，放活经营权，以"三权"分置的方式实现土地保障功能和财产功能的统一。但在实际操作的过程中，由于新型农业经营主体发育不健全，农户经营权的流转还缺乏有效的市场平台等原因，导致土地流转中存在比较严重的信息不对称，使农民无法真正了解土地的市场价值，容易被不合理的利益分配方式所控制。土地流转的高成本，制约了土地规模化、产业化经营的进程。政府要创新培育新型主体带动土地流转。积极发展龙头企业、种养大户等、家庭农场、生产型农民专业合作社等经营主体。积极培育土地流转农民专业合作社、村（居）集体股份合作社或股份公司等新型流转主体，实现农民承包地的集体经济组织统一流转经营。此外，还要加快"两权抵押贷款"的推进力度，以落实农村土地的用益物权、赋予农民更多财产权利为出发点，赋予"两权"抵押融资功能，稳妥有序开展"两权"抵押贷款业务，推进农村金融产品和服务方式创新。

因此，将户籍制度、社会保障制度和土地制度改革相结合，有助于导入一种良性循环的机制，突破城乡制度壁垒的耦合状态。其为迁移人口建立了基本的社会保障制度，降低了进城农民的后顾之忧，有利于土地经营权的流转，促进土地的规模化和专业化经营。当迁移人口在城市具有稳定的职业并工作较长的时间后，就可以被纳入城镇的社会保险体系中去，并最终通过户籍制度改革获得城镇户口，放弃其土地经营权，为农村土地的集中化经营创造了条件。

7.2.2.2 鼓励和规范地方政府的制度创新行为

1. 地方政府是制度创新的重要主体

1）地方政府具有强烈的制度创新的动机

而随着放权让利和"分灶吃饭"的财政体制推行，地方政府具有了独立的行为目标和模式，它不再仅仅是传统的统收统支的财政体制下那样的一个纵向依赖的行政组织，而逐渐成为一个具有独立经济利益目标的经济组织，具有了强烈的追求本地经济快速增长以及响应获利机会进行制度创新的动机，因而在市场经济的渐进过程中积极谋取潜在制度净收益的"第一行动集团"的角色。与中央政府相比，地方政府对当地的经济和社会环境、制度资源、微观主体更了解，能更直接、更及时地了解到制度资源的状况和来自微观主体的创新需求，及时把握新制度的预期收益，同时也感受到来自微观主体要求实现其潜在利益的更大、更直接的压力。20世纪80年代的家庭联产承包责任制、乡镇企业的发展、股份合作制等种种制度安排，都是地方政府直接指导、直接参与，或者予以支持和帮助的结果。闻名全国的发展乡镇企业的"苏南模式"、发展私营企业的"温州模式"和发展外资企业的"珠江三角洲模式"是地方政府制度创新的典型。

2）地方政府的制度创新有利于提高中央政府制度安排的质量和效益

在我国的体制转轨中，中央政府的制度创新起着决定性的作用，它决定着制度变迁的方向、速度、广度和深度。但是，中央政府的制度创新往往需要地方政府作为中介予以贯彻（中央政府与微观主体之间的联系中介）。中央政府制度创新的内容侧重于原则性和方向性，而具体的操作环节则需要地方政府根据实际创造性地予以落实和执行，如制定适合本地情况的实施细则和对某些问题的灵活处理。而且中央为了实施宏观调控，如面对经济过热普遍争取速度而造成的通货膨胀，有时不得不采取"一刀切"的做法，这时就迫切需要地方政府的制度创新。

3）地方政府的制度创新有利于降低创新的成本和风险

为了维护中央政府的权威，也为了保证制度的严肃性，中央政府的制度创新多以法律的正式形式出现，一旦完成，便具有相对的稳定性。而且，中央的制度创新活动的程序一般比较严格，周期较长，是对较成熟的公共管理活动的调整。但社会生活是不断变化的，这就需要地方政府以法规和政策等次一级的制度创新去调整尚未完全成熟的社会活动。作为制度试验，一方面有利于实现制度均衡，另一方面可以为中央的正式制度创新积累经验。在全面推行制度变革之前，降低风险的最好方法，就是先在局部范围内进行试验，然后再对试验结果进行评估。如果试验证明新制度安排的实施成本是权力中心所能承担的，净收益大于成本，并且具有可行性和普遍性，就由权力中心通过国家强制力使其获得法律地位，以法律的形式推广；反之，则终止试验。这样就会起到降低成本、减少风险的效果。

2. 地方政府在制度创新中存在的问题

1）地方政府在制度创新中的保护主义

地方政府作为一级行政代理人，拥有该地域内最集中的社会权力，其行为目标是使本地区可支配的财政收入最大化，保护并发展本地区微观主体的经济福利。由于分税制的实行使得地方政府拥有了过多的财政自主权和经济增长的动力，这也使得地方政府成了具有独立利益的代表，促进了地方政府的竞争，但是这种竞争并非都是良性的，过度竞争会导致制度创新的失范。由于竞争，地方政府之间设置了很多壁垒来分割市场，导致地区间的交易成本增大，同时也导致价格水平在地区之间呈离散分布，没有一个统一的市场价格。

2）地方政府在制度创新中的短期行为

我国地方政府的政绩考核机制，主要是上级政府运用经济增长等指标对下级政府进行的考核，这种特殊的政府体制为短期行为的产生提供了可能。一些地方政府官员在任期间，可能为了获得经济的快速增长，而做出急功近利的制度安排。具体表现为：地方政府在经济发展速度上一味求快，层层加码，相互攀比；在投资规模上一味求大，争投资，争项目，导致周期性"经济过热"；在投资项目上，热衷于发展花钱少、周期短、见效快的项目，尤其偏重加工制造业，而把农业、交通和能源等基础设施、基础产业置之度外，导致产业结构失调，"瓶颈"突出。由于短期行为的大量存在，地方政府无法进行具有潜在长远利益的制度创新，从而使地方经济面临着不可持续发展的困境。

3. 地方政府制度创新的鼓励和规范

1）调整中央和地方关系以增强地方政府制度创新的动力

地方政府在整个国家的统治和管理方面的作用，如果要想在质量上上一个新的台阶的话，就必须探讨一个深层次的问题，即中央政府与地方政府权力划分的问题。有关国家整体利益、全局利益的权力应由中央来行使，而与局部利益、地方自主发展相关的权力则应该由地方行使，中央主要承担监督和统一区域调控的作用。在中央和地方的权力进行理性化、制度化发展的基础上，中央要把相应的财政权和资源配置的权力转移给地方，增强地方政府制度创新的动力。

2）加强对地方政府行为的有效监督以规范地方政府制度的供给

地方政府在制度创新中之所以会出现种种的"异化"行为，就在于缺乏行之有效的监督，或者说监督体系不完善。因此，中央政府必须采取措施，建立多层次、多渠道、网络式的监督机构，发挥监督的综合效应，以加强对地方政府行为的有效监督。首先，要加强对地方的行政约束。采取切实可行的多种措施，加强对地方人事权的控制；改变中央对地方的绩效评估中片面强调经济发展指标的做法。其次，要加强对地方的经济约束，要通过建立财政补助制度和财政监督制度等一系列经济制度，形成一种中央对地方的硬性制约和推动机制。最后，必须加大法律法规的制定力度，用法律的手段来规范地方政府的制度创新行为。

7.2.3 建立和完善农村市场体系

7.2.3.1 农村商品市场的培育

1. 加强农产品流通体系的建设

1）大力实施"双百工程"

各级政府应根据区域经济发展状况，按照"双百工程"的要求，对农产品产地和销地批发市场的建设进行合理规划、科学布局。重点建设功能完善、设施完备、网络畅通的大型农产品批发市场，使其真正成为拉动农业生产、引导市场消费的重要载体。要采取有效措施，鼓励外商参与农产品批发市场的建设和改造。大型农产品批发市场应积极发展零售市场，重点是到大中城市开办农产品超市、便利店，逐步把经营网络延伸到城市社区。在此基础上，大力推进连锁配送业务，推动超市、便利店与农产品生产基地建立长期稳定的产销联盟，为农产品的流通开辟长期稳定的流通渠道。

2）加强流通组织和队伍建设

一是要指导各类协会和经纪人队伍的业务工作，促使其逐步规范化运作；二是要建立对协会和经纪人队伍的培训制度，在政策水平、自制能力等各个方面全面提高其自身素质。三是引导农产品批发市场肩负起培育代理商、中间批发商等商人组织的责任，使各类农产品协会与经纪人队伍与市场联系得更加紧密，为使农民出售农产品更加方便，把逐步分散的小批量上市变为集中的大批量交易。通过这些措施，提高农民进入市场的组织化程度，保护农民利益，实现农产品运销的规模化与集约化，提高农产品流通效率。

2. 积极调整产品结构

当前的市场疲软不仅有产品方面的问题，而且有商品流通方面的问题。要大力培育农村市场，形成综合性市场与专业市场相结合、批发市场与零售市场相衔接、区域市场与全国统一市场相呼应的格局，吸引大批农村剩余劳动力投身于流通领域。开拓农村市场一定要定位准确，现在农村消费水平发生了很大变化，农民生活消费向多样化、多元化、多领域发展，文化娱乐消费有所增加，耐用消费品由低档向中高档发展，生产性支出逐渐加大。因此，要摆正商家对农村消费者、对生产厂家的态度和立场，以公平合理的原则解决流通中的矛盾，最终求得多方利益统一。

3. 加快农村市场建设

当前,农村市场流通网络不健全、销售和服务网络很不完善、消费环境欠佳在很大程度上影响着农民购买力的实现。对此,要用现代流通方式改造传统经营网络,优化配置农村流通资源,建立起高效、畅通的现代化流通渠道。要合理布局农村商业网点,合理规划建设农村批发市场、专业市场,构筑适应农村市场特点的流通网络。可采用工商联手等灵活多样的方式进军农村市场,以城市和中心城镇为重点,积极培育连锁经营、物流配送等符合现代流通要求的方式,大力发展连锁超市、仓储、专卖等新型流通业态,逐步搞好农村市场建设,疏通产销渠道,同时加强产品的宣传和信息反馈,搞好售后服务,让农民享受到物美价廉的实惠,有效保护和激发农民的消费热情。

7.2.3.2 农村生产要素市场的培育

1. 培育农村土地市场

农村土地的流转离不开农村土地市场的发育和完善。农村土地市场的完善,有助于促进农地的流转与集中,优化农地与其他农业要素的配置,提高农业劳动生产率,实现农业规模经营。政府要紧紧抓住农村集体土地、农民宅基地"三权分置"的契机,构建农村土地经营权流转交易市场。首先,地方政府要建立城乡统一的建设用地市场。通过法律形式肯定集体土地使用权享有国有土地的相关权益,破除国有土地和农村集体土地在权能方面的不平等、不公平问题。其次,要积极鼓励支持有条件的地方依托基层农村经营管理部门建立流转服务组织,为流转提供有关法律政策宣传、流转信息、流转咨询、价格评估、合同签订指导、利益关系协调、纠纷调处等服务,逐步建立与完善流转服务平台和网络,不断健全流转机制。最后,建立并完善农地承包权有偿退出制度。在新型城镇化的背景下,大量农村居民开始向城镇转移,造成了农村土地撂荒问题,为了切实保障对土地资源的合理利用,政府应将农地承包权有偿退出作为一项重要制度改革加以落实。退出后的土地归农村集体组织所有,相应退出农户能够获得政府一定数额的补偿,用于保障未来生产生活。[151]

2. 培育农村金融市场

农村金融市场是农村要素市场的重要组成部分,农村金融市场的培育,需要建立多层次的农村金融服务体系,实现各金融组织合理分工、优势互补、正规与非正规金融机构有机互动，更好地支持三农、服务三农。首先，要深化农村信用社管理体制改革，明确产权关系，强化支农职能，充分发挥信用社直接服务农业、农村、农民，覆盖面广的优势，把农村信用社培育成真正的农村合作金融组织。其次，要扩大邮政储蓄的功能，加速建立邮政储蓄的支农机制。再次，在保留农业发展银行的政策定位的基础上，进一步拓宽其政策性支农领域，应该把农业开发、扶贫贴息等政策性业务转给农业发展银行，使其将信贷重点由流通领域转向生产领域，改善农业生产条件，提高农产品质量和市场竞争力。在抓好农业银行改革的同时，克服其偏离农村的倾向，强调其服务对象是涉农企业，要为农村和农业提供综合性金融服务。从次，针对民间金融发展过程中出现的借、贷款利率普通偏高，业务经营范围超规范，风险防范体系不完善等问题，必须规范民间金融机构的产品设计和销售行为，提升市场透明度，防范金融欺诈和不当行为，减少投资者因信息不对称而遭受损失的可能性。最后，加强对民间金融机构的风险监管，在日常监管中，依据资本充足率、资产质量、盈利能力、流动性状况等指标及时对民间金融机构进行风险评级，并根据评级结果对其进行风险分类，加强民间借贷风险提示。此外，还要完善对银行业经营者的惩戒制度，以强化其责任意识，保证其合法经营并主动防范金融风险。

3.培育农村劳动力市场

培育农村劳动力市场。要通过开放城乡劳动力市场，多渠道地促进农业剩余劳动力转移。第一，打破城乡之间的就业壁垒，培育统一的劳动力市场体系，充分发挥市场机制在劳动力资源配置中的作用。为此，对现行户籍制度要做适当的改变。可考虑放宽农民常住地户口迁移的政策，建立以公民住房、生活基础（包括稳定的职业、收入等）为落户标准的户口迁移制度。第二，打破地区之间的就业壁垒，促进从落后地区到发达地区的劳动力流动。对落后地区的劳动力输出，要积极引导，而不是放任自流。第三，打破农村社区之间的就业壁垒，发达的农村社区要有开放式的资源配套，不能仅仅根据本社区的劳动力资源状况选择技术进步战略。

7.2.4 促进市场机制和政府干预的耦合协调发展

城乡关系的持续、稳定和协调发展单纯依靠市场或政府都是不可能实现的，需要"强市场"和"强政府"在各自功能充分发挥的基础上，通过空间和时间上的优势互补、耦合协调、动态调整，以达到资源优化配置、经济良性运行、社会持续发展的最终目的。在城乡协调发展中，市场调节应该位于主体地位，其是基础性的、内生的、自发的、直接的、持续的调节，而政府调节应该作为市场调节的有效补充，其是辅助性的、外生的、自觉的、间接的、阶段性的调节。就我国农业发展的现实状况来看，推进市场调节与政府行为之间的协调，首先应正确划分各自调节的范围，在此基础上应从三大方面采取政策措施，来促进其协调发展：一是培育农业微观经济主体，二是健全农业市场体系，三是完善政府调控系统。

7.2.4. 划分市场调节与政府干预的范围

根据我国农业经济发展水平、市场化进展程度以及我国农业所面临的一系列问题，可以将市场调节与政府干预的范围做一个大致的划分。

强市场指市场在社会范围内对资源配置真正起基础性作用。市场机制不仅是完善的，而且不存在扭曲、紊乱情况。一般说来，一个成熟、发达、强势的市场必须具备下列特征：产权关系清晰，利益主体多元化；适应市场竞争的企业制度基本形成，企业真正成为法人实体和市场竞争主体；大多数商品和包括土地、资本、劳动力、技术在内的生产要素，都要进入市场，市场在资源配置中起基础性作用；市场竞争机制完善，平等竞争，等价交换等公平的准则已经在社会价值观念上得到确认等。[152]

强政府指政府干预的范围是恰当的，干预的度是适中的，干预的手段是合理的。政府干预的范围主要包括：①产权保障；②公共产品供给：包括建设和改善农业基础设施，推动农业科技进步与教育，促进农村公益性事业发展；③资源与环境保护：包括保护耕地资源与农业环境；④农产品市场安全保障：包括培育农产品市场，建立粮食保护价制度，建立粮食风险基金制度，建立粮食专项储备制度；⑤收入再分配；⑥区域之间的协调；包括区域一体化的规划、区域之间的利益调节。

7.2.4.2 培育农业微观经济主体

在农业市场中，农户是最为重要的市场主体，其经济行为对农业发展中市场调节和政府行政协调有着广泛而深刻的影响。农业市场主体的培育应当从以下几个方面入手。一是确保农户独立自主、身份自由，调动农业市场主体的积极性。在明晰产权的前提下，赋予农户进行资源配置的权利,严禁任何个人或其他组织团体进行强制性非自愿交易,提高农户生产的积极性和资源利用效率。二是提高农户的科技文化水平,激发农户市场主体的主观能动性。可以通过改善农村的教育水平、增强对农民的培训力度,引导优秀人才到农村发展等措施,提高农民的科学文化水平,增强农民接受农业新技术、获取市场信息和在市场中进行谈判、交易的能力。三是依托社会化服务组织创新,提高农业市场主体的组织性。通过合作经济组织,农民可以共享大型农用生产资料,采用农业科技成果,从而提高农业生产率和农产品附加值。合作经济组织可以统一为其成员开辟、扩大和深化市场,从而节约流通成本。合作经济组织可以统一为其成员搜寻市场信息,进行市场谈判,处理市场纠纷,从而减少单家独户进入市场的交易费用。

7.2.4.3 完善城乡统一的市场体系

要按照建立统一、开放、竞争、有序的现代市场体系的要求,加快发展和培育城乡统一的商品市场和要素市场,建立健全城乡一体化的市场网络。要破除条块分割、地区封锁,增强城乡市场的内在联系,促进商品和各种要素在城乡范围的自由流动和公平竞争。要建立中心城市的展销市场、中小城镇的专业市场、广大农村初级农贸市场间的纵向联系,形成相互依赖且等级多样的城乡网络系统。充分发挥城镇的聚集、辐射功能,运用城镇市场引导和带动农村市场的发展,提高农产品的商品化程度和农业市场化程度。以市场为导向,将农产品的生产、加工、销售纳入到城乡统一的大市场中,以利于稳定供求关系,降低内部交易成本,减小农民直接进入市场的风险,同时鼓励和引导城市的工商经济组织向农村延伸和发展,促进农村经济市场化组织化程度的提高。

7.2.4.4 健全政府农业宏观调控体系

政府对农业的干预是通过宏观调控体系来实施的,因而一个健全的农业宏观调控体系是实现政府行为与市场调节相互协调的另一个重要的方面。健全政府农业宏观调控体系的政策选择不外乎三个方面:一是建设农业宏观调控主体,强化政府的农业宏观调控职能。通过成立综合性的农业调控机构,运用多种调控手段进行分级的农业调控,化解部门分割与地区封锁,提高农业调控的效率,确保农业调控的长期性和稳定性。二是确立农业宏观调控目标,根据中国当前农业发展的情况,农业宏观调控的基本目标应主要包括：保障安全供给，平抑市场风险，增加农民收入和促进良性循环。三是加强对农业宏观调控体系的建设，为了实现政府的宏观调控目标，政府要加强农业信息预警、农产品价格保护、农产品价格调节、农业社会化服务等系统的建设。

7.3 本章小结

本章首先对依托城镇网络推进城乡协调发展的问题进行了分析，城乡协调发展中存在的问题主要包括：城乡基础设施网络不健全，横向上发展滞后，区域差异和城乡差异大；城乡要素流动存在和户籍制度、土地制度和社会保障制度等制度约束；城乡协调发展中市场和政府的功能较弱等。在问题分析的基础上，从城乡基础设施网络构建、城乡发展制度障碍破解以及市场机制和政府耦合协调发展等方面提出了相应的对策建议。

结　论

本书在借鉴国外城乡协调发展经验的基础上，对中国城乡协调发展的演化历程进行了梳理，分析了中国城乡协调闭锁状态的成因，提出了依托城镇网络退出城乡协调闭锁状态的设想，并就退出的过程和退出的阶段性安排进行了深入的分析。概括起来，本书得出的结论主要有以下几点。

（1）城乡之间的关系受历史因素、现实因素等多种因素的影响，具有非线性和多重均衡性，两个极端的均衡状态就是"城乡良性循环状态"和"城乡恶性循环状态"。

（2）中国城乡协调闭锁状态的形成，具有一定历史必然性。战争与自然灾害等随机因素导致了中国对重工业化战略、户籍制度和人口政策的选择，在收益递增机制的作用下，最终导致了城乡劳动生产率的极大差异以及城乡生产要素的单向流动，城乡间收入差距不断扩大，城乡协调"闭锁状态"产生。

（3）在城乡协调发展的过程中，政府也做出了很多退出城乡协调"闭锁状态"的尝试，包括推行农村家庭联产承包责任制、促进乡镇企业发展、撤乡并镇以及社会主义新农村建设。这些尝试在一定程度上提高了农村的生产力，促进了农村的发展，使城乡之间的闭锁状态开始向良性转化。但是，一个总体考虑城市和农村、工业和农业、政府主导作用和农民主体地位的综合机制仍然需要完善。

（4）以城镇网络为依托，促进城乡共同发展是退出城乡协调"闭锁状态"的一个有效途径。城乡协调"闭锁状态"的退出，要在提高交易效率、促进市场机制和政府耦合协调作用的基础上，加强城乡间的分工与协作，促进城乡要素的双向流动，提高城乡空间演化的自组织协调能力。

（5）城乡之间的协调关联不是静态的、同质的，而是具有一定的阶段性和地域性，1993—2007中国近15年来的城乡关联度经历了提升、下降再提升的过程，城乡关联度的变化受政府政策的影响比较明显。不同的区域城乡关联度也不同，一般来说，东部地区的省份城乡协调度最高，中部次之，西部最低，区域的城乡协调度的差异受区域空间联系水平的影响比较大。

本书的创新之处主要有以下几点。

（1）以城镇网络为基础骨架，把城乡协调置于区域经济发展的背景下，视城市与乡村协调系统为区域生态经济社会系统的自组织子系统，在探讨区域间、城市间、乡村间的社会、经济联系的基础上，深入的探讨城乡之间的联系，使得资源配置不仅在城乡系统内部进行，而且与外部系统保持有机的联系。

（2）以路径依赖理论为基本的理论分析框架，对城乡经济系统演化过程中闭锁状态的成因进行了分析。并在此基础上，提出了依托城镇网络退出城乡闭锁状态的设想，并对应该如何退出做了详细的分析。

（3）选取代表空间联系、经济联系、社会联系、生态联系的相关指标，运用层次分析法对城乡协调关联性进行了系统化、定量化的测度，在此基础上，分析了中国城乡协调发展的关联性和阶段性，并对渐进式推进城乡协调发展的过程进行了步骤设计。

不足及有待研究之处主要有以下几点。

（1）本书在研究中把城镇网络作为外生变量，未考虑城镇网络本身的优化问题，而事实上，我国的中西部很多地区城镇化水平仍然比较低，城镇网络的规模和结构仍需要不断完善和优化。

（2）本书的大多数研究是基于城镇工业对农村劳动力的需求比较强烈、农村劳动力向城镇单向流动的背景，当前，全球经济放缓，导致国内经济下行压力较大，农民工市场的竞争更激烈，就业难度加大。在新的背景下，虽然解决城乡问题仍然需要依托城镇网络加强城乡之间的分工和专业化，促进城乡间要素流动，提高城乡间的自组织能力，但是问题变得更复杂了，需要做进一步的深入研究。

参考文献

[1] Unwin, Tim. Urban-rural Interaction in Developing Countries: a Theoretical Perspective[M]. London: The Geography of Urban-rural Interaction in Developing Countries: Essays for Alan B. Mountjoy, Routledge, 1989:90-105.

[2] Chambers, Robert. Rural Development: Putting the Last First[M]. London: Longman, 1985:18-29.

[3] Mike Douglass. A Regional Network Strategy for Reciprocal Rural-Urban Linkages: An Agenda for Policy Research with Reference to Indonesia[J]. Third World Planning Review. 1998, 20(1):25-40.

[4] Preston D. Rural-urban and inter-settlement interaction: theory and analytical structure[J]. Area. 1975,(7):171-174.

[5] Cecilia Tacoli. Rural-urban interactions: a guide to the literature[J]. Environment and Urbanization. 1998,10(1):147-160.

[6] 乔翠霞.城乡协调发展视域下的资源要素流动问题研究:从微观机理到宏观效应[J].山东师范大学学报(社会科学版),2020,65(03):99-107.

[7] Todaro, Michael. A Model of Labor Migration and Urban Unemployment in Less Developed Countries[J]. The American Economic Review. 1969, 59(1):138-148.

[8] Harris, John R., Michael P. Todaro. Migration, Unemployment and Development: A Two-Sector Analysis[J]. The American Economic Review. 1970, 60(1): 126-142.

[9] Sirin Saracoglu and Terry L.Roe1. Rural-Urban Migration and Economic Growth in Developing Countries[R]. Working Paper. 2004:15-18.

[10] Zhong Zhao. Rural-Urban Migration in China–What Do We Know and What Do We Need to Know[R]. Working Paper. 2003:18-22.

[11] Huang, Ping, Frank N. Pieke. China Migration Country Study [C].

Paper presented at the Conference on Migration. Dhaka: Development and Pro-Poor Policy Choices in Asia, 2003: 22-24.

[12] Song, Hongyuan. Analysis of Policy Issues on Rural Migration[Z]. manuscript, 2003:15-20.

[13] 彭健.乡村振兴背景下劳动力转移对共同富裕的影响研究[D].南京财经大学,2023:2.

[14] Knight, J., Song, L. The Rural-Urban Divide: Economic Disparities and Interactions in China[M]. Oxford: Oxford University Press, 1999: 30-50.

[15] 戴思国.积极引导社会资金反哺三农[J].农村工作通讯,2022(17):23-24.

[16] Gaile, G. L. Improving rural-urban linkages through small town market-based development[J]. Third World Planning Review. 1992, 14(2): 131-148.

[17] Shyamal Chowdhury, Asfaw Negassa, and Maximo Torero. Market Institutions: Enhancing the Value of Rural-Urban Links[Z]. IFPRI Division Discussion Paper. 2005:10-16.

[18] 赵淑华.从科学发展观看城乡市场主体的统一[J].中国行政管理.2006,(8): 62-65.

[19] Douglass, M. The environmental sustainability of development: coordination, incentives and political will in land use planning in the Jakarta metropolis[J]. Third World Planning Review. 1989, 11(2):28-40.

[20] Jon Naustdalslid and Vibeke Nenseth. Sustainable Urban Development in a Governance Perspective-New Partners and Planning Changes[C]. Paper presented at the EURA Conference Urban and Spatial European Policies: Levels of Territorial Government.2005: 35-45.

[21] Escobar, A. Encountering Development: The Making and Unmaking of the Third World. Studies in Culture Power History[M]. Princeton: Princeton University Press, 1995: 90-101.

[22] Lewis, W.A. Economic development with unlimited supply of labor. The Economics of Underdevelopment[M]. Oxford: Oxford University Press, 1954: 50-60.

[23] Fei, John C. and Gustav Ranis. Development of the Labor Surplus Economy: Theory and Policy[M]. Homewood, Ill: R. D. Irwin. 1964: 80-90.

[24] Rondinelli, D. Applied Methods of Regional Analysis: The Spatial Dimensions of Development Policy[M]. Colorado: West View Press, 1985: 180-195.

[25] Lipton, Michael. Why Poor People Stay Poor: Urban Bias in World Development[M]. MauriceT. Smith, London. 1977: 70-90.

[26] Stohr W B, Taylor D R F. Development from Above or below? The Dialectics of Regional Planning in Developing Countries[M]. Wiley, Chichester, 1981: 60-80.

[27] 崔功豪等. 中国自下而上城市化的发展及其机制[J]. 地理学报. 1999, 54(2):106-113.

[28] Johnson, E.A.J. The Organization of Space in Developing Countries[M]. Cambridge: Harvard University Press, 1970: 36-49.

[29] Rondinelli, Dennis. Applied Policy Analysis for Integrated Regional Development Planning in the Philippines[J]. Third World Planning Review. 1979, 1(2):151-178.

[30] De Jong, W. The Role of Towns in Rural Development: A Case Study of Banjarnegara[M]. Central Java, Yogyakarta: UGM Press, 1988: 65-86.

[31] 费孝通. 小城镇、大问题, 小城镇建设探讨[M]. 北京: 人民日报出版社, 1985:20-50.

[32] 张文礼. "中心村庄" 西北民族地区城乡协调发展的突破口[J]. 兰州大学学报. 2005(2): 89-97.

[33] 刘易斯·芒福德. 城市发展史: 起源, 演变与前景[M]. 倪文彦等译. 北京:建筑工业出版社, 1989: 70-92.

[34] McGee, T. The Emergence of Desakota Regions in Asia: Expanding a Hypothesis. The Extended Metropolis: Settlement Transition in Asia[M]. University of Hawaii Press, 1991: 100-115.

[35] Friedmann, John and Clyde Weaver. Territory and Function[M]. London: Edward Arnold, 1979: 64-68.

[36] Friedmann, John and Mike Douglass. Agropolitan Development:

Toward a New Strategy for Regional Planning in Asia. Growth Pole Strategy and Regional Development Policy[M]. Oxford: Pergamon Press, 1978: 163-192.

[37] Douglass, Mike. Thailand: Territorial Dissolution and Alternative Regional Development for the Central Plains. Planning from Above or Below?[M]. Chichester: John Wiley, 1981:183-208.

[38] Douglass M. A regional network strategy for reciprocal rural-urban linkages[J]. Third World Planning Review, 1998,20(1):1-33.

[39] 贺艳华,谭惠敏,康富美.大都市边缘区城乡融合发展模式及效应评价——以长沙市望城区为例[J].经济地理, 2022, 42(5): 156-164.

[40] David Okali, Enoch Okpara and Janice Olawoye. The case of Aba and its region, southeastern Nigeria[R]. Working Paper. 2001: 15-26.

[41] 叶兴庆. 关于促进城乡协调发展的几点思考[J]. 农业经济问题. 2004(1): 15-19.

[42] 林光彬. 等级制度、市场经济与城乡收入差距扩大[J]. 管理世界. 2004(4): 30-31.

[43] 张红宇. 城乡统筹过程中的制度创新与中间制度安排[J]. 浙江经济. 2005(18): 25-30.

[44] 李淑妍. 关于辽宁省实施乡村振兴战略促进城乡协调发展的对策建议[J]. 环渤海经济瞭望, 2020(10): 83-84.

[45] 隋云龙, 高强. 谈乡村振兴战略对山东城乡协调发展的影响[J]. 中国农业会计, 2020(11): 86-89.

[46] [英]安·韦斯特. 发展经济学[M]. 北京: 华夏出版社, 1987: 72-73.

[47] 马克思, 恩格斯. 马克思恩格斯全集, 第46卷(上) [M]. 北京: 人民出版社, 1979:480-481.

[48] 韩启明. 建设美国: 美国工业革命时期经济社会变迁及启示[M]. 北京: 中国经济出版社, 2004: 342-343.

[49] 马克思, 恩格斯. 马克思恩格斯选集第3卷[M]. 北京: 人民出版社, 1979: 331-337.

[50] 张士云, 江激宇, 栾敬东等. 美国和日本农业规模化经营进程分析及启示[J]. 农业经济问题, 2014, 35(01): 101-109.

[51] 周叔莲, 金培. 国外城乡经济关系理论比较研究[M]. 北京: 经济管

理出版社, 1993: 187-188.

[52] 李胜军. 美国农业劳动力转移[J]. 美国研究, 1989: 28-30.

[53] 埃弗里特·M. 罗吉斯, 拉伯尔·J. 伯德格. 乡村社会变迁[M]. 王晓毅译. 杭州: 浙江人民出版社, 1998: 6-8.

[54] Lewis, W. Economic Development with Unlimited Supplies of Labour[J]. The Manchester School, 22 (1954), 139–191.

[55] 汤姆·肯普. 现代工业化模式——苏、日及发展中国家[M]. 北京: 中国展望出版社, 1985: 105-106.

[56] 基思·格里芬. 可供选择的经济发展战略[M]. 北京: 经济科学出版社, 1992: 39-40.

[57] 杜志雄, 张兴华. 世界农村发展情况与城乡关系演变趋势和政策分析[J]. 调研世界, 2006 (7): 7-8.

[58] 马克思, 恩格斯. 马克思, 恩格斯全集第46卷(上). 北京: 人民出版社, 1979: 480.

[59] 列宁. 列宁全集第3卷[M]. 北京: 人民出版社, 1958: 19-20.

[60] 陈炜. 近代中国城乡关系的二重性: 对立与统一[J]. 宁夏大学学报(人文社会科学版). 2008, 30(1): 10-11.

[61] 胡焕庸. 中国人口地理(上册) [M]. 上海: 华东师大出版社, 1984: 49-50.

[62] 毛泽东. 毛泽东选集: 第4卷[M]. 北京: 人民出版社, 1991: 1427.

[63] 蔡昉, 林毅夫. 中国农村改革与变迁[M]. 上海: 上海人民出版社, 2003: 51-52.

[64] 胡鞍钢.邓小平时代——中国改革开放(之二)[EB/OL]. https://www.guancha.cn/hu-an-gang/2014_08_19_257808.shtml

[65] Arthur, W. Brian. Competing Technologies, Increasing Returns, and Lock-in by Historical Events[J]. Economic Journal 99. 1989: 11631.

[66] Arthur, W. Brian. Positive Feedbacks in the Economy[J]. Scientific American 262 (February). 1990: 92-99.

[67] Arthur, W. Brian. Increasing Returns and Path Dependence in the Economy[M]. Ann Arbor: University of Michigan Press, 1994: 28-30.

[68] 盛昭瀚, 蒋德鹏. 演化经济学[M]. 上海: 三联书店, 2002: 144-146.

[69] 傅沂. 产业变迁中的路径依赖研究[D]. 广州: 暨南大学, 2006: 2-6.

[70] 岸根卓郎. 迈向21世纪的国土规划—城乡融合系统设计[M]. 北京: 科学出版社, 1990: 49-50

[71] 苏布拉塔·加塔克. 农业与经济发展[M]. 北京: 华夏出版社, 1987: 26-28.

[72] 张红宇, 赵革. 新农村建设要充分发挥农业的多重功能[J]. 农村经济. 2006(5), 3-6.

[73] 岸根卓郎. 新兴国家的创造—城乡融合社会系统[M]. 哈尔滨: 东北林业大学出版社, 1987: 2.

[74] 王振亮. 城乡空间融合论[M]. 上海: 复旦大学出版社, 2000: 62-64.

[75] Bennett, Peter, and Nigel Howard. Rationality, emotion and preference change Drama-theoretic models of choice[J]. European Journal of Operational Research. 1996, 92(3): 603-614.

[76] Brunner, Karl, and William H. Meckling. The Perception of Man and the Conception of Government[J]. Journal of Money. Credit and Banking, 1977, 9(1): 70-85.

[77] 袁志刚, 欧阳明. 宏观经济学(第二版) [M]. 上海人民出版社, 2003: 200-205.

[78] Katz, Michael L., and Carl Shapiro. Network Externalities, Competition, and Compatibility[J]. American Economic Review 75. 1985: 424-440.

[79] Katz, Michael L., and Carl Shapiro. Systems Competition and Network Effects[J]. Journal of Economic Perspectives 8. 1994: 93-115.

[80] Krugman, Paul. Increasing Returns and Economic Geography[J]. Journal of Political Economy 99. 1991: 483-99.

[81] 杜漪. 从制度关联视角解析我国城乡统筹的制度变迁路径[C]. 第五届中国经济学年会论文. 2005: 1-8.

[82] 杜润生. 中国农村的社会主义改造与经济体制改革答问(上)[J]. 战略与管理, 1999(02): 13-18.

[83] 段志煌, 黄淑英. 农业：过去与未来. 中国经济改革[M]. 北京: 社会科学文献出版社, 1993: 24-65.

[84] 林毅夫. 制度、技术与中国农业发展[M]. 北京: 北京大学出版社, 2000: 80-83.

[85] 张红宇. 粮食生产的三个难点(文摘)[J]. 中共山西省委党校学报, 1988(03): 16-17.

[86] 朱东恺, 施国庆. 城市建设征地和拆迁中的利益关系分析[J]. 城市发展研究, 2004(03): 23-26.

[87] 韩长赋. 再谈"三权"分置[N]. 经济日报, 2017.11.17(6).

[88] 甘士明. 中国乡镇企业统计资料(1978—2002年)[M]. 北京: 中国农业出版社, 2003.

[89] 姜永涛. 中国乡镇企业年鉴2000[M]. 北京: 中国农业出版社, 2000.

[90] 王松梅. 中国乡镇企业制度变迁的经济学分析[D]. 广州: 华南师范大学, 2003: 1-2.

[91] 佚名. 我国已有95%乡镇企业完成各种形式产权制度改革[EB/OL]. https://www.gov.cn/jrzg/2006-09/22/content_396204.htm.

[92] 郑有贵. 农村工业、乡镇企业在夹缝中发展的实现机制——着眼于促进农村产业融合发展启示的研究[J]. 毛泽东邓小平理论研究, 2022, (01): 29-36+107.

[93] 陈锡文, 罗丹, 张征. 中国农村改革40年[J]. 北京: 人民出版社, 2018.

[94] 赵树凯. 关于乡镇改革历史进程的考察[J]. 经济研究参考, 2008(32): 44-47.

[95] 党国英. 我国乡镇机构改革的回顾与展望[J]. 中国党政干部论坛, 2009(03): 29-31.

[96] 佚名. 至05年底全国建制镇占全部乡镇数量比重达53.7%[EB/OL]. https://www.gov.cn/jrzg/2006-10/16/content_414666.htm.

[97] 赖德胜, 张振, 卜涛等. 撤乡并镇与乡村振兴: 发展和治理的逻辑解释[J]. 中国工业经济, 2022,(12): 52-70.

[98] 新型城镇化背景下特色小镇的规划与建设[J]. 居业, 2024(01): 85-87.

[99] 胡文. 现代化视野下的社会主义新农村建设研究[D]. 南昌: 南昌大学, 2008: 30-32.

[100] 佚名. 社科院发报告预测城乡差距[EB/OL].https://news.sina.com.

cn/c/2007-04-24/154011705808s.shtml.

[101] 脱贫攻坚战取得全面胜利 脱贫地区农民生活持续改善[N]. 中国信息报, 2022-10-26(001).

[102] 廖文根, 吴储岐, 沈童睿. 吸引各类人才在乡村振兴一线建功立业[N]. 人民日报, 2023-07-14(001).

[103] 佚名. 国家发展改革委举行新闻发布会 介绍《乡村振兴战略规划(2018—2022年)》实施进展情况[J]. 中国产经, 2022(18): 10.

[104] 顾朝林. 中国城镇体系等级规模分布模型及其结构预测[J]. 经济地理, 1990, 10(3): 54-56.

[105] 杨国安, 甘国辉. 中国城镇体系空间分布特征及其变化[J]. 地球信息科学, 2004(3): 12-18.

[106] 吴玉鸣. 县域经济增长集聚与差异: 空间计量经济实证分析[J]. 世界经济文汇. 2007(2): 37-57.

[107] 黄启才. 福建省县域经济的空间分布及空间自相关分析:1994-2005[J]. 问题研究. 2007, 11: 35-38.

[108] 张佳沛.中国加快推进城市群建设(专家解读)[EB/OL].http://world.people.com.cn/n1/2022/0321/c1002-32379383.html

[109] 高帆. 交易效率、分工演进与二元结构转化[D]. 西安: 西北大学, 2004: 71-72.

[110] 方创琳. 中国城市群结构体系的组成与空间分异格局[J]. 地理学报, 2005(5): 827-840.

[111] 杨道玲, 任可, 秦强. 京津冀产业协同的驱动因素研究[J]. 宏观经济管理, 2022(01): 52-59.

[112] Douglass, Mike. Structural Change and Urbanization in Indonesia: from the 'Old' to the 'New' International Division of Labor[M]. Urbanization in Large Developing Countries; China, Indonesia, Brazil, and India (Oxford: Clarendon Press), 1997: 111-141.

[113] 朱亚兵. 基于分工和激励的新农村建设探讨[J]. 商业时代. 2008(31): 6-7.

[114] 杨小凯, 张永生. 新兴古典经济学与超边际分析[M]. 北京: 中国人民大学出版社, 2000: 121.

[115] 佚名. 城市群: 形成、演化与发展趋势[EB/OL]. http://www.chinacity.org.cn/csll/20971_3.html

[116] 张茉楠. 区域轮动与产业轮动同步: 启动新一轮景气周期[EB/OL]. http://www.jjckb.cn/gdpd/2008-09/26/content_120757.htm

[117] Williamson, J. Regional Inequality and the Process of National Development: A Description of the Patterns[J]. Economic Development and Cultural Change. 1965, 13(4): 3-45.

[118] 陈维. 我国三大都市圈的发展及功能定位分析. 中国网[EB/OL]. http://lianghui.china.com.cn/chinese/zhuanti/qy/549094.htm

[119] 马克思, 恩格斯. 马克思恩格斯全集第2卷[M]. 北京: 人民出版社, 1965: 60-61.

[120] 肖金成. 以城市群为主体实现大中小城市和小城镇协调发展[J]. 国家治理, 2018(19): 3-11.

[121] Om Prakash Mathur.The Role of Small Cities in National Development[R]. Nagoya: UNCRD. 1982: 18-25.

[122] Maude, Alaric. Do Rural Towns Stimulate Rural Development? [J]. Malaysian Journal of Tropical Agriculture. 1983, 8: 40-48.

[123] 刘赪. 区域内城市间空间分工结构演变的超边际分析[D]. 成都: 西南交通大学. 2006: 100-108.

[124] 方创琳. 新发展格局下的中国城市群与都市圈建设[J]. 经济地理, 2021, 41(04): 1-7.

[125] 戴靓, 曹湛, 朱青等. 中国城市群知识多中心发展评价[J]. 资源科学, 2021, 43(5): 886-897.

[126] 周一星. 城市地理学[M]. 北京: 商务印书馆, 1995: 215-219.

[127] Slater, David.Territorial Power and the Peripheral State: The Issue of Decentralization[J]. Development and Change, 20(3), July, 501-531.

[128] Birgegård, Lars-Erik. A Review of Experiences with Integrated Rural Development[J] Manchester Papers on Development, IV:1, Jan, 1988: 2-27.

[129] 姚寿福. 专业化与农业发展——理论与中国实证研究[D]. 成都: 西南财经大学, 2004: 212-213.

[130] 邓大松, 孟颖颖. 中国农村剩余劳动力转移的历史变迁: 政策回顾

和阶段评述——兼论中国城市化道路的选择[C]. 纪念农村改革30周年学术论文集. 中国农业出版社, 2008: 19.

[131] 夏耕. 中国城乡二元经济结构转换研究——要素流动、制度变迁、市场机制和政府作用[M]. 北京: 北京大学出版社, 2005: 127-128.

[132] 郭书田. 失衡的中国——城市化的过去、现在和未来[M]. 石家庄: 河北人民出版社, 1990: 58-66.

[133] 张忠发. 农业保护: 现状、依据和政策建议[J]. 农业经济问题. 1996(2): 15-22.

[134] 丁凤芹. 城乡收入差距扩大的原因探析[J]. 山东省农业管理干部学院学报. 2003, 19(5): 9-10.

[135] 许晓东, 谢元态, 郑晓燕. 构建城乡资金正常流动机制的探讨[J]. 海南金融. 2004(5): 30-35.

[136] 吴立峰. 浅析我国农业科技成果转化存在的问题及对策措施[J]. 上海农村经济, 2022(10): 44-45.

[137] 曾菊新. 现代城乡网络化发展模式[M]. 北京: 科学出版社, 2001: 166.

[138] 吴良镛: 北京旧城与菊儿胡同[M]. 北京: 中国建筑工业出版社, 1994: 80-90。

[139] 胡国远. 中国城市化进程中城乡协调发展研究——以浙江省为例[D]. 上海: 同济大学. 2007: 18-24

[140] 罗雅丽, 李同昇. 城乡关联性测度与协调发展研究——以西安市为例[J]. 地理与地理信息科学, 2005, 21(5): 68-71.

[141] 曾磊, 雷军, 鲁奇. 我国城乡关联度评价指标体系构建及区域比较分析[J]. 地理研究, 2002, 21(6): 763-770.

[142] 雷曼. 都市圈: 中国城市化进程中面临的新挑战[M]. 北京: 中信出版社, 2006: 41-50.

[143] 新华网. 习近平: 高举中国特色社会主义伟大旗帜 为全面建设社会主义现代化国家而团结奋斗——在中国共产党第二十次全国代表大会上的报告[EB/OL]. https://baijiahao.baidu.com/s?id=1747666968337407608&wfr=spider&for=pc, 2022-10-25.

[144] 苏国霞. 党的十八大以来"三农"政策实践与启示[J]. 社会治理,

2022(08): 5-12.

[145] 国新网. 国新办举行新中国成立70周年能源发展成就发布会[EB/OL]. https://www.gov.cn/xinwen/2019-09/20/content_5431689.htm#1

[146] Cheng, Tiejun and Mark Selden. The Hukou System and Rural-Urban Migration in China: Processes and Changes[J]. The China Quarterly. 1994: 831-840.

[147] 刘荣材. 农村土地产权制度变迁模式选择的路径约束分析[J]. 农业经济. 2007(1): 36-38.

[148] 张敏. 小城镇群交通网络系统优化研究[D]. 西安: 长安大学, 2006: 33-34.

[149] 佚名. 贫困地区新改建旅游路、资源路、产业路约5.9万公里[EB/OL]. https://m.gmw.cn/baijia/2021-02/03/1302089861.html

[150] 佚名. "交通+"打造乡村振兴新引擎[EB/OL]. http://district.ce.cn/newarea/roll/202311/23/t20231123_38802943.shtml

[151] 王雄, 迟文峰, 代兄. 深化农村土地制度改革促进城乡融合发展研究[J]. 农业经济, 2023(12): 98-100.

[152] Benaïm, Michel, Morris W. Hirsch. Mixed Equilibria and Dynamical Systems Arising from Fictitious Play in Perturbed Games[J]. Games and Economic Behavior 29. 1999: 36-72.